贛文化通典

——民俗卷　第三冊

目錄

第一章 | 總論

第六章 | 飲食民俗

第八章│家庭與宗族民俗

第十一章｜民間信仰

第十二章│民間藝術

第十三章│結語

飲食民俗

　　「王者以民為天，而民以食為天」，「食」是人類生存和改造身體素質的首要物質基礎，也是社會發展最基本的前提。糧食、菜籃子和各類日常食品，是保證國民經濟正常運轉的基本條件，是社會安定和經濟文化發展的前提，正如馬克思所指出：「一切勞動，首先，原來也是把食物的占有和生產作為目的」[1]。而「靠山吃山，靠水吃水」以及「一方水土養育一方人」則從另外一個角度指出，由於自然環境的差異，生活在不同地區的人們形成了各自特色的飲食風俗。

　　江西位於長江中下游交接處的南岸，負江帶湖，沃野千里，氣候溫暖，雨量充沛，無霜期長，具有亞熱帶濕潤氣候的特點，適宜種植水稻和發展水產業，故一向也被譽為美麗富饒的「魚米之鄉」。

　　早在秦漢時期，江西地區「魚米之鄉」的特色已趨明顯，宜

1　（德）馬克思：《資本論》卷三，人民出版社一九七五年版，第 826頁。

春安福等地「田疇膏腴，厥稻馨香，飯若凝脂」[2]。優越的地理條件為本地區蔬菜生產打下了深厚基礎，發展成為中國重要的蔬菜生產基地，蔬菜品種眾多，早在宋代，著名詩人楊萬里就曾在《春菜》一詩中進行過贊美，詩云：

> 雪白蘆菔非蘆菔，吃來自是辣底玉。花葉蔓青非蔓青，吃來自是甜底冰。三館宰夫傳食籍，野人蔬譜渠不識。用醯不用酸，用鹽不用咸。鹽醯之外別有味，姜芽桹子仍相參。不甂亦不釜，非蒸亦非煮。壞盡蔬中腴，乃以煙火故。霜根雪葉細縷來，瓷瓶夕幕明朝開，貴人我知不官樣，肉食我知無骨相，只合南溪嚼菜根，一樽徑醉溪中雲。此詩莫讀恐咽殺，要讀此詩先捉舌。[3]

憑借本地區獨有的豐富資源和良好的自然條件，再加上地處長江中游，位居「吳頭楚尾」，與吳、楚、皖等地交流頻繁，從而形成了有獨特風味的飲食風俗。在保持自身特色的基礎上，取八方精華，體現出「兩概括、一綜合」的特點，即為吳楚飲食文化、南北飲食文化的概括和俗家飲食與佛道宗教文化的綜合。[4]

2　（南朝）王孚：《安成記》，（唐）徐堅等著：《初學記》卷二十六《器物部・飯第十二》，中華書局一九六二年版。

3　（清）吳之振輯：《宋詩鈔》第三冊《朝天續集鈔》，台灣商務印書館一九八六年版。

4　周文英等《江西文化》，遼寧教育出版社 1995 年版，第 266 頁。

第一節 ▶ 日常食俗

在古代，江西民眾的日常食俗概括起來就是「粗茶淡飯」，體現著老百姓「省吃儉用」過日子的總原則。由於條件的局限，主食方面，以稻米、米粉、番薯為主，副食則以蔬菜為主，再配以其他的糕點之類。一般人家安排日常飲食的目標是「填飽肚子」，形成一種普遍習慣，即能吃稀則盡量不吃乾，能吃粗糧則盡量不吃細糧。災荒年景必然要這麼做，遇到好年景老百姓也要規勸自己這麼做。然而，隨著時代的向前發展，科學技術運用到農業領域，老百姓的生活水平逐步提高，致使江西人民的日常食俗呈現出多元化的趨勢。

一、主食類

中國以農業為本，靠農業立國。自新石器時代以後，糧食作物一直是中國人民的主食。江西作為魚米之鄉，「山川特秀，人食魚稻」[5]，「火耕水耨，食魚稻」[6]，盛產水稻等糧食作物，故江西大部分地區以稻米、甘薯為主食，並輔以其他面點、羹、米粉等。

（安義）安義向為貧瘠之區，僅以米、粟、薯、芋為糧

5　同治《進賢縣志》卷二《輿地・風俗》，同治十年刻本。
6　康熙《宜春縣志》卷十二《風俗》，康熙四十七年刊本。

食。[7]

（星子）早晚稻米，雜以薯、芋、粟、麥。[8]

（贛縣）城市一日三餐早餐多食粥，外來俗也。鄉村日餐四次，飯三次一次飯粥或食點心，皆於近午行之。[9]

江西民眾一日三餐，主食品種常年以米飯、粥等當家，輔以羹、糊、面餅、糕等。早餐一般為稀飯，配菜簡單，多為醃菜、乾菜、豆腐乳等小菜，不甚講究，中、晚餐乾飯，普通人家一般有三至四個菜。一日習慣三餐，當然，農忙季節吃四餐，即在中飯和晚飯之間加一餐點心。冬季日起，則有日食兩餐的。

（一）稻米

江西「邑無他產，五穀唯饒於稻」[10]，「土七水二山林一，故稼為上，魚畜次之，竹木鳥獸次之，金鐵寶藏闕焉」[11]。江西依靠其獨特的地理位置以及優越的自然環境，大力發展農業，成為「農業大省」、「水稻大省」，其水稻種植的歷史也十分久遠。

7　同治《安義縣志》卷一《地理志·物產》，同治十年刊本。

8　同治《星子縣志》卷一《疆域志·風俗》，同治十年刊本。

9　民國《贛縣新志稿》第十七章《社會·風俗》，民國三十五（1946）年鉛印本。

10　光緒《崇義縣志》卷三《物產》，光緒二十一年刊本。

11　民國《南昌縣志》卷五十六《風土志》，民國二十四年（1935）刊本。

《周禮》：荊、揚二州，其穀宜稻。江西故荊揚地也。
厥土塗泥而江水肥仁宜。雷次宗云：嘉蔬精稻，擅味於八方
也。按《豫章記》云：郡江西岸有磐石，下良田極膏腴者一
畝二十斛，稻米之精如玉，印澈於器中。又云：建成有山，
四面流泉，土地膏沃，生禾香茂，為米精美，因名米山。次
宗之言，固不誣矣。又王孚《安成記》云：毛亭、往同亭三
十裡，二亭田疇膏腴，厥稻馨香，飯若凝脂。安成舊屬長
沙，魏文帝與朝臣書云，江表唯長沙名有好米，疑即指
此。[12]

　　此段材料來源於《江西考古錄》當中的物產篇，對江西的水
稻記載甚是詳細，且隨著江西境內諸多文化遺址的發掘，如萬年
仙人洞遺址、修水山背文化遺址、樟樹樊城堆遺址、永豐縣尹家
坪遺址以及萍鄉市郊區新泉、赤山遺址等，從其出土的文化來
看，至少可以證明江西種植水稻的生產，在四五千年前就已經十
分普遍。[13]「占，稻屬。有早晚、赤白，稱名不一，占本占城國
種，宋大中祥符五年遣使往福建取占稻三萬斛，遍給江淮間播
種，及江西列郡縣皆有之。」[14]自此，江西的水稻不僅逐漸普
及，而且產量較高，宋代曾鞏的《洪州東門記》記載，江西「賦

12　（清）王仁圃：《江西考古錄》卷七《物產·稻》，光緒十七年刊本。
13　萬振凡、吳小衛：《近代江西農村經濟研究》，江西高校出版社
　　　一九九八年版，第2頁。
14　康熙《江西通志》卷八《風俗志·物產》，康熙二十二年刊本。

粟輸於京師為天下最」[15]。根據學者的研究，北宋時期將之發運至京師的米穀共一百四十八萬石左右，與兩浙路相近，占全國總漕糧數六百萬石的四分之一左右。[16]

對於江西稻米的種類，有早晚之分，有黏與不黏之區別，當然，各地府縣志對此也記載頗多。

> （江西）《晉書》：陶潛為彭澤令，在縣公田，悉令種秫谷，曰，令吾常醉於酒，足矣。妻子固請種秔。乃使一頃五十畝種秫，五十畝種秔。按畝有二種，其不黏為秔，別做粳，亦謂之秈。黏者為秫，可釀酒，亦謂之稬，俗作糯。[17]
>
> （南昌縣）種分早晚，早者，春種夏獲，其類曰五十，早載五十日即獲，曰二樣早、湖廣早、撫州早、進賢早、各以種所出名米，皆白色，統名曰早白。曰黃米稍獲遲，多載籽，米粗硬，色微赤，受水多飯，氣香味甘。糴之價賤，農家恆留以自食。獲最遲者，曰遲白。尤載籽且多米，谷石可得米六斗。色純白，價最上，唯獲過時妨晚種，晚者夏種秋獲，再種者，十月獲其類，曰觀音秈，粒長而白者上，圓而赤者次，曰柳須，粒小而長，潔白明潤，作飯軟而滑，有遲而赤者，曰硬頭紅。晚穀之最下者，種者少，諸穀皆無芒，

15 同治《南昌府志》卷八《地理‧風俗》，同治十二年刊本。

16 許懷林：《江西史稿》，江西高校出版社一九九八年版，第 571 頁。

17 （清）王仁圃：《江西考古錄》卷七《物產‧秔秫》。

有芒曰青占，非佳種。[18]

（廣信府）信州宜稻，有早、中、晚三種……早稻色皆白，晚稻多紅玉色，王山紅尤勝，又有香稻曰寧化占，粒白而長，土人呼粳米曰占者，種出占城。[19]

（蘆溪）蘆溪屬丘陵地，土地肥沃、雨水充足，粉地二十餘萬畝，農業主產糧食，米以大安里山區的紅米、麻鑽米、鐵管黏、柳糯、童子糯著名；蘆溪、宣風、南坑、上埠丘陵地區的烏雞早、湘潭早出名。俗有「紅米飯，烏雞早，吃了經得飽。麻粘鐵管做粑粑，童子柳糯蒸酒甜嘴巴」之諺傳。年產大米約七十萬擔左右，俗有「萍鄉米倉」之稱。[20]

（分宜）白米有早黏晚稻之分。[21]

除此之外，江西聞名於全中國的大米當屬萬年貢米。其粒大體長，質細如玉，性軟賽糯，清香爽口，營養豐富，尤以蛋白質含量高著稱，是江西傳統的名貴大米。因南北朝時，被皇帝看中，傳旨：「代代耕食，歲歲納貢」，所以叫做貢米。其主要產於萬年縣荷橋山區，對自然條件和耕作技術的要求很嚴。千百年來，多次引種它地，都沒有成功。所以，它又獲得了「傲穀」的

18　民國《南昌縣志》卷五十六《風土志》。
19　同治《廣信府志》卷二《地理‧物產》，同治十二年刊本。
20　朱西屏：《蘆溪名優土特產》，《蘆溪文史資料》總第四輯，第82頁。
21　民國《分宜縣志》卷十四《風俗志‧生活》，民國二十九年（1940）石印本。

俗稱。到新中國成立前夕，荷橋的種植面積只有幾畝，產量不上千斤，瀕於絕種。新中國成立後，採取了許多措施，貢米生產有了很大的發展，年總產量已達一百萬斤，新選育的「貢谷選三號」使貢米的優良性狀有了新的發展，畝產量也比原種提高八十多斤。一九六二年開始出口，備受歡迎。此外，還有屬糯性的黑色貢米，質地細密堅硬，營養成分多集中於米皮，成飯後香味特濃，有滋陰補腎、調中益氣之功能，對頭昏、貧血、青年白髮有一定療效。若與紅棗合烹，則成佳肴「紅黑雙絕」。[22]二〇〇六年六月，萬年稻米習俗及貢米生產技術被列入江西省第一批省級非物質文化遺產保護名錄。

　　附：萬年貢米賦[23]

　　中華稻作，源遠流長；萬年貢米，萬年飄香！長於荷橋，沐天地之雨露；名聞宇內，浴萬年之金陽。其形也，修長如梭；其色也，透明如玉；其味也，鬆軟香醇；其神也，蓋世無雙；其志也，馳四海而鳴天下。代代貢品，已千年矣！白玉盤裡，人誇其極；溫馨灶頭，人贊其絕。稻之始祖，國家原產地保護產品，世界食品博覽會獲金獎，接待外國元首首選米。稻花香裡，貢谷搖曳生姿；千古餐桌，貢米獨領風騷。

22　陳星：《江西通觀》，人民日報出版社一九八七年版，第 295 頁。

23　程建平：《上饒頌》，江西人民出版社二〇〇八年版，第 302-306 頁。

貢米之特，異在水土。淮南之橘，淮北為枳；萬年貢谷，耕在故鄉。荷橋壟，風吹禾，香氣融合仙氣；梨塢嶺，露結谷，日色化進月色。光照奇特，礦物多樣，山高壟深，清泉滋潤，地溫變異；晝夜溫差大，三伏雷電多；溪源連著泉源，山花映著稻花。放眼荷橋貢田，一派風光難覓。田壟上，鴉來啄草；深溝裡，泥鰍耕耘。好雨來，青青一片，水聲、蛙聲、鳥鳴聲，聲聲喚神農；雷電到，林伏草拜，山動、水動、天地動，雷公約見穀神。炊煙裊裊之村落，蛙聲一片之田野，株高葉闊，吸四季泉漿；抽穗揚花，沐雨雪霜露。良田著意，孕育神奇稻種，方富溫潤醇厚、口感純正、軟而不粘、糯而不膩、滿口餘香之萬年貢米；農戶有情，種出萬年貢米，方有天人合一、自然和諧、良疇美柘、畦畛相望、天地精華之萬穀之王。原產地三百畝，畝產僅二百公斤。春分播種，初冬方收；風吹雨打，含辛茹苦；貢米既熟，舉村歡欣。民以食為天，貢以福民口。來一碗，神清氣爽；復二碗，汗也生香。

　　貢米之名，曠世榮光。念萬年前，老祖宗披星戴月，馴化野稻於萬年。晝伏山川，不知汗流幾多？夜望霄漢，豈知神游何方？萬年神農接智，萬年夸父追日，千萬般血淚交流，千萬回夢裡醒來，千萬次刀耕火種，終在正德七年，知縣上奏：萬年有寶。一甑飯熟，香滿皇宮，滿座皆驚。龍心大悅，激賞育種之人。然育種之人非唐非宋，能在今朝？從此，欽定荷橋米「代代耕作，歲歲納貢」。「塢源早」山一程、水一程，夢裡兼程，萬年人扁擔進了皇宮；「塢源早」

登祭壇，祭天、祭地，百官跪拜，稻作之祖聲譽日隆。悠悠萬年，貢米香飄。蛋白質含量高，維他命元素多，美國馬尼士博士說萬年：那是上帝安排生產稻米的地方。

貢米之奧，文化深藏。遙想古時，荷橋傳動人故事：仙女育稻開泉，劬勞千載未見臻功；雷神感仙之忱，揮巨擘以裂泉渠，溉禾稼而澤斯土。天降此土，百谷至尊；神辟此水，貢米之源。嗚呼！神話之說，未考其實，萬年之民勤勞智慧，千載貢米乃為證。「一粒沙中見世界，一朵花裡見天堂」。稻米故鄉人，一粒米亦能見生命。稻之氣數天定，落地生根，投胎泥土；塵土下的盤根，生命內的循環，都在稻穗中綻放；負載生命之精華，完成生命之蒸發，韜光韞玉，藏器待時，顯示稻米特殊力量，折射中國傳統精神。自此伊始，萬年之民，數千里山路水路，千餘年風情民俗，籮筐滿裝朝中故事，扁擔挑起他鄉風月；一雙腳板，將南北之路相連；耳聞目睹，皆朝野笑談佳話；風來雨往，磨就剛毅個性，遍覽人間滄桑。「野稻馴化起於是，燒土成器始於斯，刻符記事源於此，物食易換發於茲。」萬年貢米，孕稻作文化，留萬年精神。食之貢米，思慕萬年，心神俱醉，夢裡依稀。

貢米之鄉，大有可為。稻作之文化，旅遊新亮點。游歷萬年，睹吊桶環之玄奧，探神農宮之神秘，覽仙人洞之深邃，看稻作文化節之壯觀，賞稻花仙子之飄逸。精耕細作之歷史，宜游宜居之美景，勃勃發發，茁茁壯壯，蔚為大觀。今日萬年，勁推貢米，運用現代科技，研究開發傳統貢米，

貢香米、貢絲米、貢糯米、珍珠貢米、貢晚秈米，貢米系列大放異彩，多次榮獲部省優稱號，為出口質量免檢產品。寸土寸金，向科技要效益；尺水尺玉，靠智慧得收成。成立遺產保護中心，申報國家非物質文化遺產，列入振興萬年經濟龍頭產品，創下貢米拍賣每公斤一點三八萬元之天價。稻米之鄉，做大、做強、做優貢米，堅持綠色生產，保護優美生態，保持純正品質，不施化學農藥，採用生物防治。譽天然綠色食品，稱百姓餐中精品。看今日之貢米，遠銷重洋，光照九州，生萬年之光芒，擁靄雲以入懷，抱長風而向上，振翅欲飛正當時。

除萬年貢米之外，還有奉新紅米[24]、井岡山紅米[25]、南城麻

24　奉新紅米相傳有上千年的栽培歷史。《天工開物》曾有記載，為歷代宮廷貢品。其米色澤紅豔、柔軟可口，營養豐富，因不施用化肥和農藥，米質純淨無毒，實為保健、滋補之佳品。

25　井岡山紅米，是井岡山的一大特產，生長髮育期長，產量較低，但色澤紅豔，營養豐富。紅軍在井岡山堅持鬥爭時期主食的「紅米飯，南瓜湯」指的就是這種米。井岡山紅米主產於井岡山、遂川等地。它蛋白質含量高，飯味香濃，口感好，近年該市已建立了培育基地。

姑米[26]、弋陽大禾米[27]、吉安雙竹黏米[28]、宜黃五彩米、龍南珍珠米以及泰和紅曲米等。[29]

　　對於米飯的各種製作方法與食用，其程序也是紛繁複雜的。如在九江，一般來說，「米飯，分大米飯、糯米飯、紅薯絲米飯等，以大米飯為主。大米飯的家常燒法有：用前餐留下的冷飯（俗稱飯娘）摻和燒製，此法出飯率高，農家多喜之。其次是大米加適量的水放在鍋裡燒開後，撈出部分半熟的米置另一鍋裡用慢火燜熟，餘下的煮成粥，不少農家多用此法，早上燒好，飯留中餐，粥當早餐。其三是用飯甑蒸飯，方法是先把人米用水浸透，再放入特製的木甑用急火蒸，此法多用於紅白喜事請客用。

26　南城麻姑米，又名「冷水白」，古稱「銀珠米」，產於江西省撫州市南城縣建昌鎮麻姑山，已有一千多年的種植歷史。據清同治五年（1866）所撰《麻姑山志》記載：「銀珠米，本山所出。四月始稼，八月方收，宋時取以作貢」。麻姑稻五月上旬播種，五月末移栽，九月底至十月初成熟，全生育期一八〇至一九〇天。麻姑米粒外形短圓，米色銀白，形似珍珠，故又名銀珠米。麻姑米煮飯易熟，鬆軟而韌，具有膠質，營養醇香。煮粥稠而不黏。加工的米粉，細嫩條直，潔白透明，韌滑香郁。麻姑米以為歷代宮廷貢米而享譽天下。因受特定環境條件及品種遺傳特性所限，過去全縣僅麻姑山一千畝栽種面積，近年以麻姑山為中心，建立了萬畝優質麻姑稻基地。

27　弋陽大禾米，是弋陽縣的地方水稻品種，米質優良，具有「潔白如霜、透明似玉、柔軟爽滑、韌而不粘、久煮不糊」的特點。

28　吉安雙竹黏米，是吉安縣引進的一種水稻，米質優良，顆粒均勻，潔淨光亮，其米飯香軟可口，養分較高，而且米粒透明，又稱「玻璃米」。

29　詳見李國強、傅伯言主編：《贛文化通志》，江西教育出版社二〇〇四年版，第615-616頁。

其四是銅罐飯，方法是把大米和水放入特製的銅罐裡用炭火慢慢燒煮，錫匠出門做工多用此法。其五是菜飯，用煮熟了的大米飯加青菜，吃時別有風味。其六是泡飯，是用冷飯加水煮沸而成。糯米飯則一般要加以青菜、豬肉丁、洋芋、豌豆等加調味品燒成。紅薯絲米飯是紅薯絲與大米混合煮成，部分山區多食此飯。」[30]還有贛縣的紅面也是值得一提的，「紅面，以白米飯雜面母和濕蒸，窨即變為真紅，直透米心」。[31]

吃飯時的規矩與禁忌，一般是吃飯時，要論輩就座，長輩開始吃，其他的人才能拿筷捧碗吃飯。吃飯忌筷子敲碗，忌把筷子的大頭含在嘴裡，夾菜忌橫夾，飯粒掉地忌用腳踩。[32]

（二）甘薯

甘薯是十六世紀末從國外引進到中國的。據《金薯傳習錄》記載，明萬曆年間（1573-1620），菲律賓產甘薯，統治其地的西班牙當局嚴禁甘薯傳入中國，福建商人陳振龍到菲律賓經商，將甘薯藤藏於船繩之中帶回家鄉，由福建巡撫金學曾試種成功，逐漸推廣至全國各地。[33]自此，江西便大面積種植甘薯，「按舊志，甘薯連篇累牘，記載甚詳。今則南昌各屬，平疇山麓處處種之，

30　張軒主編：《九江市風俗志》，九江醫專印刷廠 2000 年印刷本，第 23 頁。

31　同治《贛縣志》卷九《地理志·土產》，同治十一年刊本。

32　張軒主編：《九江市風俗志》，第 23 頁。

33　秦永洲：《中國社會風俗史》，山東人民出版社 2000 年版，第 75 頁。

其栽植之功，在所熟識，姑略之」。**34**甘薯種植範圍之廣泛，由此觀之。

在飢荒之年，民眾常常用紅薯製作成絲或者條塊，用來和白米飯充飢，以此解決溫飽之問題。如民國《分宜縣志》記載，「飯食白米，有早黏、晚稻之分。西北多產番薯，每家約百石，至冬用以和飯，或製絲，或製子，竟日蒸食充飢。若粟、麥、玉、蜀、黍，間有種植，所出不廣。唯端節食角黍、麵包，此為特別，非日常食品」**35**。在九江地區也流傳這樣一句俗語：「粟米飯、玉米糊，吃完麥粉再吃薯」。薯絲飯的製作，首先必須是薯絲的完成。薯絲是用甘薯加工而成。一般是在農曆九月後，將甘薯洗淨，用手刨或刨薯機刨成細絲，傾入大米桶內，用水沖生薯絲表面淀粉後，用「竹撈斗」撈出，撒於竹片織成的「薯筥」上攤開，再將「薯筥」依次平擱在用長條杉木搭起的「薯晾架」上，曬乾後，將其裝入桶裡保存。煮薯絲飯時，應先將大米下鍋煮至五成熟，用笟箕撈出，此時才將乾薯絲拌於剛蒸熟的米飯內。蒸好後的薯絲飯，噴香津甜，初吃尤其覺得有滋有味。薯絲與大米的比例，可多可少，隨主人經濟狀況而定，一般為一比一左右。如今，人們生活水平大大提高，江西老表們仍嗜食這種風味飲食。

34　同治《南昌府志》卷八《地理‧土產》。

35　民國《分宜縣志》卷十四《風俗志‧生活》。

（南昌府）甘薯，有山薯、番薯二名，山田皆可種，生熟皆可食，性補脾。然經風霜，易爛。人多掘土窖藏之，切為絲片，曝之以為餱糧，磨碎制粉，白如雪，與蕨粉同。[36]

（安遠縣）皮紫肉白者上，肉黃者次，可釀酒，可製粉。近年耕山者出最大，大者數斤。穀貴以此療飢。[37]

　　其實，甘薯在江西人的飲食結構中，占有比較重要的地位，以甘薯為原料的風味食品五花八門，頗具地方特色。如贛州興國各地都有曬甘薯片的風俗。曬甘薯片一般選擇在秋末打霜的天氣，因為這時雨水少而陽光充足。農戶選出較大的甘薯，首先把它洗淨，然後刨成片，再放到開水中煮軟，用「笊籬」撈起來，一片片擺到竹墊上去曬，直至曬乾。煮甘薯片的湯水，放適量的麥芽作催化劑，還可熬成甘薯糖。有些山村的農戶，土地多甘薯也多，曬的甘薯片也多，多的有數籮筐。曬乾的甘薯片，到了過年的時候，用油一炸，變成金黃色，又香又脆，山裡人很喜歡吃。有的也用來招待客人，或用作禮品。油炸的甘薯片也可磨成粉，加入一些白糖，用來拌麻餈，又香又甜，不次於豆粉。

　　除此之外，甘薯又有紅皮薯和白皮薯之分，而江西人則喜用紅皮薯製甘薯糖。紅皮薯要選完好的。剁碎後，與熬甘薯糖用的碎麥芽混在一起，放入鍋中熬，這叫「熬糖」。熬成漿糊狀時，

36　同治《南昌府志》卷八《地理・風俗》。
37　同治《安遠縣志》卷一《地理志・物產》，同治十一年刊本。

第六章・飲食民俗

用濾布將殘渣濾去，剩下的便是糖水了。[38]再把糖水分蒸發掉，便成了褐色的黏稠狀的甘薯糖。甘薯糖可用來製糯米糖、芝麻糖、花生糖等。其味香甜可口，色澤金黃，深受人們的歡迎。[39]

隨著社會的腳步向前邁進，甘薯的吃法不再僅僅是用於和飯充飢了，其吃法變得多種多樣。如煮甘薯，在燒煮的過程中續加適量的水，煮出來的甘薯既軟又香；烤甘薯，用特製的烤甘薯爐，將甘薯放入，經過較長時間的烤制，薯皮呈現出焦黃的顏色，而且薯肉質嫩噴香，比煮製的甘薯味道要好；曬甘薯，即將選好的甘薯先放在通風處晾一晾，洗淨煮熟，切成片，疊齊捆紮，入蒸籠中，加香料、調料，以猛火蒸，再取出曬成乾。最具特色的又以興國牛皮糖薯乾為代表，其色澤紅潤透明，味甜不膩，香黏適口，風味極似牛皮糖。[40]

（三）米粉

米粉是江西常見的一種主食。江西人製作的米粉粉質細白，久煮久炒不糊，上口糯韌。江西米粉的製作工序複雜，先將米浸泡、磨、濾乾，經過采漿、捏團、蒸果、碾團、晾乾、漂洗、攤乾等過程。南昌的米粉，粉嫩精細，清爽柔韌。

38　張軒主編：《九江市風俗志》，第 147 頁。

39　詳見萬建中、劉筱蓉《贛江流域的民俗與旅遊》，旅遊教育出版社一九八六年版，第 141 頁。

40　參見魯克才主編《中國民族飲食風俗大觀》，世界知識出版社一九臼二年版，第 199 頁；余悦主編《江西民俗》，甘肅人民出版社二〇〇四年版，第 124 頁。

（南昌府）米粉，出南昌奉新，古不見經。宋陳造《米粉詩》有云：粉之且縷之，一縷百尺長。殆今之米粉也。[41]

（南昌縣）米粉出瀝南者，細而銀絲。荷湖、厚浦二村作者亦佳。俗於客至，必以米粉或麵作湯餉焉。[42]

江西米粉的食法很多，吃時將米粉煮熟，可做成湯粉、炒粉、涼拌粉等花樣，風味各異。湯粉，其味在湯，多以雞湯、肉湯、豬骨湯共煮之，粉爽湯鮮；涼拌粉，用香蔥、姜末、蒜泥、麻油、醬油、味精、精鹽及花椒粉等調和成調味汁，用調味汁拌粉，常在春秋季食用，當地人還喜歡加黃瓜配食，味道更好；炒粉以牛肉炒粉為佳，也有用豬肉代替牛肉的，味道也不錯。據說，南昌人烹製牛肉炒粉的歷史起碼也有幾百年了。不過，以往只在逢年過節時才吃牛肉炒粉，平時並不烹製。烹製牛肉炒粉很講究，首先得把浸好的上等米粉瀝乾水，將牛肉切成細絲，配上辣椒、生薑、蔥段等，然後將辣椒入油炸一下，放牛肉下鍋，邊炒邊加上湯、醬油、鹽、米粉。待收乾汁後，加菜油繼續炒酥，下蔥、姜，炒至有煎香味即可。成品肉嫩、粉軟、味鮮，百吃不厭。

當然，在全國享譽盛名的歸宗山米粉與峽江米粉。宗山米粉，盛產於南昌市安義縣黃洲鄉宗山壋一帶，是安義地方名優特

41 同治《南昌府志》卷八《地理・土產》。
42 民國《南昌縣志》卷五十六《風土志》。

產之一。歷史上享有盛名。

　　　　米粉出處甚多，宗山最好。[43]

　　　　黃洲鄉宗山墾加工的米粉，在歷史上負有盛名。取優質晚米為原料，製作精緻，色澤潔白，耐煮耐炒，美味可口，為宴席上頭道佳肴。[44]

　　宗山米粉風味獨特，製作工藝精湛，分浸米、磨漿、做團、榨粉、晾曬五道程序，而且每個程序都非常有講究。首先，選上等的優質晚米用井水浸泡七天左右，接著用大石磨，將浸泡過的米磨成糊狀漿液，再灌入白細布縫製的漿袋中過濾，第三，把過濾米漿揉成一個個重約一斤半左右的錐柱形米團，煮熟後放入大石臼中舂成大塊「熟團」，再次在灶台上放一木架，上置一鐵鑄的粉筒，筒底放一銅篩，上有圓孔，將「熟團」放入鐵筒中，由一人操作簡單機械往下壓，漸漸地粉團成了粉條，最後，將榨出來的米粉煮幾分鐘後置於清水中漂十來分鐘，取出晾曬在由小竹片串成的長柵上，把粉條鋪成一個個長約三十五釐米，寬約二十五釐米的方塊，放到朝陽通風處晾曬，乾後，揭下即成了赫赫有名的宗山米粉了。由於它的製作程序繁複，製作工藝獨特，以及

43　同治《安義縣志》卷一《地理志‧物產》。
44　黃升平：《宗山米粉》，《安義文史資料》第三輯，安義縣印刷廠1992 年印本，第 45 頁。

其風味獨特，已經入選了非物質文化遺產加以保護。

峽江米粉。早在明代洪武年間，就開始生產。相傳明永樂年間，翰林學士金幼孜，省親回京，曾以家鄉米粉款待文武百官，他們對峽江米粉之細軟柔韌，味道鮮美大加贊賞。正德年間，皇弟朱厚熜一次奉諭南巡監軍，乘船溯江而上，適值洪水，受阻而棄船策馬，途經江西省峽江縣洲頭的陳家村，天暮投宿農家。是夜，鄉民以米粉煮雞蛋相待，色鮮鮮、香悠悠，食後有餘味，君臣驚嘆，齊稱是稀世佳肴。朱厚熜登基後，詔諭江西每年以峽江米粉輸送京城，貢獻當朝，以備宮廷佐膳。故有「貢粉」之稱。[45]

峽江米粉，有其獨有的白、細、嫩、韌等特點，而且用料精良，加工精細。製作時，也與宗山米粉相似，也需要經過浸米、磨漿、濾乾、蒸熟、壓絲、攤曬等一系列工序，對於它的烹調方法，也頗有講究。一般來說有炒、煮、油炸、涼拌四種，各自有各自的風味。由於峽江米粉的久負盛名，憑借其精湛的製作工藝已經入選為全國非物質文化遺產加以保護。

二、副食類

一般來說，我們將菜餚，如魚、肉、蛋、菜、豆製品等稱之為「副食」。新中國成立以前，江西各縣市老表勤儉節約，副食

---

45 劉成菜：《素負盛名的峽江米粉》，《峽江文史資料》第一輯，一九八九年，第 102 頁。

主要以蔬菜、豆腐等為主，自種自給，對於雞鴨魚肉等葷菜只能是在宴請賓客或者逢年過節之時用上。

（蘆溪縣）俗有「商賈朔望打牙祭，富者不來賓客、不過節日不食肉，非是喜慶不置酒；貧者三塊豆腐接外婆，肉不過十斤團個年，最好也止於殺隻雞，烘兩隻鵝。」的檢樸之風[46]

（吉安縣）通邑食皆稻，雖或兼及薯、芋、豆、麥，不為常。其下飯也，富人以肉，寠人惟園蔬、市腐而已。[47]

（分宜縣）佐膳者，葷以豬肉，素以豆腐，為家常大宗，其他雞魚牛羊、山珍海味，非喜慶宴賓不登於俎。[48]

（崇義縣）平時三餐中，多食糙米飯與蔬菜，逢年節才購魚肉。[49]

（安義縣）安義向為貧瘠之區，僅以米粟薯芋為糧食，大宗菜餚則以蔬為主，若雞、鴨、魚、肉之類，多用以款客。[50]

（安遠縣）常茹蔬菜，非喜慶不列盛筵。[51]

---

46 朱西屏：《蘆溪區解放前的民情風俗》，《蘆溪文史資料（工商史料特輯）》總第四輯，萍鄉市第二印刷廠一九九〇年印本，第154頁。

47 民國《吉安縣志》卷四《風俗》，民國三十年（1941）鉛印本。

48 民國《分宜縣志》卷十四《風俗志·生活》。

49 光緒《崇義縣志》卷三《風俗》。

50 同治《安義縣志》卷一《地理志·風俗》。

51 同治《安遠縣志》卷一《地理志·風俗》。

（一）蔬菜

「菜蔬，四季尚時新，如春韭、夏菽、秋瓜、冬薤之類」。[52]
江西民眾喜吃青菜、白菜、蘿蔔、包菜、芥藍菜、菠菜、辣椒、
豆角、冬瓜、南瓜、絲瓜、芋頭、韭菜、大蒜和芹菜等，有炒、
煮、汆和燜煮等做法，為儲存和取食方便，江西民眾還習慣將青
菜醃製成酸菜，或再將酸菜曬成菜乾，將蘿蔔、辣椒、豆角、芋
頭等曬成乾菜。家常便菜，新鮮多樣。

> （南昌）芥有紫芥、白芥、花葉芥，皆莖葉長大，味粗
> 於菘而較香。亦秋末種，稍後於菘。菘春初老，芥清明始
> 花，取其心，置沸湯中半熟，為辣菜和莖葉曬乾，漬以鹽菜
> 煮之，極熟，再曝而再蒸之為乾鹽菜，以芥心為之，曰香鹽
> 菜，菘亦為鹽菜，色黃味脆，然芥為之者多，村人終歲食
> 之，倚為恆蔬，芥之子取油。[53]

在吉安遂川一帶的客家人，喜歡使用竹筒儲藏芥菜，它區別
於水醃菜。[54]竹筒菜的特點是清香醇美，細嫩上牙，兼有鮮、
曬、搓、竹、酵綜合合成的滋味。

52 民國《分宜縣志》卷十四《風俗志・生活》。
53 民國《南昌縣志》卷五十六《風土志》。
54 朱中道：《客家竹筒菜》，《遂川文史資料（遂川風物）》第五輯，遂
川縣印刷廠一九九三年印本，第 36 頁。

（二）豆製品

除去蔬菜，江西民眾最為普遍的副食就是豆製品，如豆腐，淮南王劉安發明的綠色健康食品。相傳劉安雅好道學，欲求長生不老之術，不惜重金廣招方術之士，其中較為出名的有蘇非、李尚、田由、雷波、伍波、晉昌、毛被、左昊八人，號稱「八公」。劉安由八公相伴，登北山而造爐，煉仙丹以求壽。他們取山中「珍珠」、「大泉」、「馬跑」三泉清冽之水磨製豆汁，又以豆汁培育丹苗，不料煉丹不成，豆汁與鹽鹵化合成一片芳香誘人、白白嫩嫩的東西。當地膽大農夫取而食之，竟然美味可口，於是取名「豆腐」。江西民眾都喜食豆腐，而且用豆腐可以製成多種豆製品，豆腐腦、臭豆腐等等，萍鄉人也是極為喜歡豆腐的。

（萍鄉）其方塊者名曰硬豆腐，其水腐者名曰水豆腐，亦名豆腐花，又名豆腐漿。其鹽水浸硬豆腐而成者名鹽豆腐。萍人食豆腐更甚於食椒，限定早餐食水豆腐，午餐食硬豆腐，儼然賴豆腐以為生活矣。新年中三日，市間無處購豆腐，則先備足油炸豆腐，以為新年中三日之需。聞萍地人云，萍鄉咸用煤炭，又嗜辣椒，借食豆腐，亦可祛解熱毒，以資調劑。言之尚為近理也。[55]

55　《萍鄉人食物之習性》，胡樸安：《中華全國風俗志》下編，河北人民出版社一九八八年版，第300頁。

巾口豆腐是江西武寧的特產，雪白細嫩，獨具特色。巾口傍臨修河，水流至此，雜質均已沉澱，又未曾受到污染，清澈明淨，以此水製作的豆腐，味道更美，民諺有「柘林燒酒河滸餅，巾口豆腐好腫頸」[56]。「腫頸」是武寧方言，含虐意。食物經過食道下咽，管道變粗，有似腫大，是形容巾口豆腐的好吃無比。清同治《武寧縣志》也記載：「黑豆，邑產者，粒大味佳，異於他方，產巾口者，尤良。用以浸酒，色甘性良，鄉中婦女夜間炒和橝以餌，小兒竹枝詞云：兒童昨夜試歌舞，阿母爐頭爆豆橝。」[57]

當然，除去豆腐，豆製品當中另外一樣重要的佐料，就是豆豉。豆豉在贛菜中占有非常重要的地位，無豆豉，便不成贛菜。

（南昌）豉，豆豉，即吃豉汁。豉味苦，取汁用之，使諸味鮮出，辜坊者有名。[58]

（萍鄉）豆豉有甜苦兩種。製造之法，先用黑豆七石半，置小池中浸透，將水放出，用大木桶蒸之。每桶置三、四百斤，蒸熟後，布於簁席上，俟其半冷，貯簁盤中，悶於屋內。經七八日，即發長黴，於是將豆爬出，於河中洗淨，積成一堆，蓋以禾秆。俟其發熱，然後用水酒百斤，砂鹽五

---

56 張軒主編：《九江市風俗志》，第24頁。
57 同治《武寧縣志》卷九《物產》，同治九年刊本。
58 民國《南昌縣志》卷五十六《風土志》。

十斤，甘草、茴香各三斤，磨末和入豆內攪勻，貯大桶中，再蓋以禾稈。經一星期，取出曬乾，即成其所謂五香豆豉矣。其苦豆豉製法與上相仿，唯加青礬，去甘草、八角、甜酒三種。苦豆豉浸汁極濃，甜豆豉味較佳美。萍地專製豆豉者，有十餘家之多，因萍人喜食辣椒，椒與豆豉有連帶關係，不可缺一也。且無論何種菜餚，咸須和以豆豉，若煮豆腐，更非豆豉不為功矣。故豆豉銷路暢旺，大可驚人，即漢口、北京等處亦至萍鄉購辦。蓋其地銷場既大，製法更精益求精也。[59]

地處鄱陽湖口長江南岸，並有「水繞三山同楚地，勢連五老共洪都」之稱的江西湖口縣，盛產一種有名的特產 ——「豆豉」，此豆豉色澤黑亮，顆粒均勻，香味濃郁，美味可口，用這種豆豉烹飪的「豆豉燒肉」、「辣味鳳尾魚」、「家鄉豆腐」等菜餚，已成為湖口傳統風味名菜。湖口氣候溫適，土壤肥沃，盛產糧棉，黑豆也是當地有名的經濟作物，湖口黑豆個大粒圓，營養豐富，是加工豆豉的良好原料。湖口豆豉的創始，還有一個傳說故事。那是在清朝咸豐年間，高安縣有一個姓盧的小皮匠，因遭受洪災，迫於生計，舉家背井離鄉，來到湖口。發現當地不少農民挑著黑豆在市場上賣，上前一問價格也不貴。於是便買了十來

---

59 《萍鄉人食物之習性》，胡樸安：《中華全國風俗志》下編，河北人民出版社一九八八年版，第 300 頁。

斤黑豆子，找來木盆、壇子，細心選豆、漂洗、蒸煮、蓋上稻草，讓豆子發黴，約莫過了十來天，扒開稻草一看，黑豆上竟長了一層厚厚的白黴衣。小兩口滿心歡喜，立即把黴豆抬到石鐘山磯頭上，讓鄱陽湖清水慢慢沖洗乾淨。然後回家翻曬，裝進木盆。過了些日子，盆中發出陣陣香味，妻子打開一看，嚯，絕了！這豆豉又黑又亮，香味濃郁，真是再好不過。滿心歡喜把豆豉拿到街上賣，一下便搶購一空。從此湖口豆豉便出名了。湖口豆豉有別於其他地方生成的豆豉，是在於將發黴了的豆豉挑到石鐘山磯頭上沖洗，由於這是長江、鄱陽湖二水相匯之處，黃綠兩色江湖水從磯頭緩緩而過，用這獨特的水洗去豆豉上的黴衣，豆豉就越發芳香，味道越發鮮美。[60]

豆豉既有食用之功，又有藥效之功，「泰和豆豉性溫能發能補，年久者佳。即生蟲成仄者，用瓷罐收儲，去其蟲亦佳。一傷寒頭痛發熱鼻塞或流清涕，初起時，用豆豉煎湯，不用鹽止，加薑蔥少許，汗出即愈。一虛極寒極之症，加薑、鹽，和泰和雞煎湯即愈」。[61]

（三）辣椒

江西民眾喜酸辣味，辣椒是烹調的重要菜餚和佐料。古有「江西人不怕辣、湖南人辣不怕、四川人怕不辣」的說法，贛西

60　張軒主編：《九江市風俗志》，第 31 頁。
61　光緒《吉安府志》卷一《地理志·物產》，光緒元年刊本。

地域，即萍鄉、宜春、新余等地，嗜辣成性，絕不亞於湖南與四川，連炒盤小白菜都要下大量辣椒粉。江西各地「飲食恆加椒、姜」[62]，為贛菜增添美味。

（江西）辣椒是江西客家人烹調菜餚最重要的配料，無論葷素，無論山珍水鮮。無論蘿蔔青菜，都喜歡放點辣椒烹調。[63]

（萍鄉）辣椒之種類不一，有黃椒、青椒、朝天椒、燈籠椒諸類。春二、三月時下種，五六月間即可成熟。性極辣，食品中常用以調味，而在萍地則以之為日常必需之食品，常年四季，無日缺之，無論何種菜蔬，咸需和以辣椒。例如魚一頭重量一斤，而烹時至少和半斤辣椒，否則不能下箸。故萍地購椒至少幾斤，其嗜椒如此！[64]

（瑞昌）和平辣椒，品質優良，色澤油亮，個大籽少，肉厚味甜為主要特點，名揚贛鄂，行銷南昌、武漢、九江、黃石、瑞昌、武穴等地。[65]

（瑞昌）佐餐用菜，除逢年過節買些魚肉之類，平時以

62　同治《上高縣志》卷四《風俗》，同治九年刊本。

63　江西省社會科學院客家問題研究課題組：《江西客家概述》，《江西社會科學》一九九五年第二期。

64　《萍鄉人食物之習性》，胡朴安：《中華全國風俗志》下編，第 299 頁。

65　董祿麟：《和平辣椒》，《瑞昌文史資料》第三輯，一九九二年，第 40 頁。

自產新鮮瓜菜和醃曬乾菜蔬為主，愛好辣味，有「一過桂林橋，碗碗是辣椒」之說。[66]

一般來說，江西民眾喜歡將辣椒醃製成辣椒醬，以備不時之需。「辣椒樹矮如茄，細葉叢生，紅者肉厚微甜，青者肉薄微辣，如雞心者呼雞心椒，醃之為辣椒醬，或研末入諸蔬。」[67]醃製技術數贛南最為有名。南康辣椒醬已有三百多年的歷史，原名「頂呱呱德福辣椒醬」，最早由三元齋醬園經營，後由德福齋醬園經營。其辣椒色澤油潤，甜辣可口，營養豐富，經久耐藏。[68]

「南康辣椒醬」原名「頂呱呱德福齋辣椒醬」，起源於明末清初。開始的製作方法比較簡單，每年夏秋辣椒成熟後，即把新鮮紅辣椒剁碎，用鹽醃製，以儲做冬春食用，而後經多次試驗，反覆加工改製為「鹹辣椒醬」。由於當時只是單家獨戶少量的自給性的加工製作，用以調劑口味自食之用，尚未作為商品大量流入市場，只有少量自食有餘轉入市場銷售。到了清朝中期，縣城「三元齋醬園商店」則根據這一民間製法，結合其經營醬園的獨特條件，逐步加以改進與提高，開始採用配方進行商品生成，並在全縣各地試銷。清

---

66 張軒主編：《九江市風俗志》，第 147 頁。

67 民國《南昌縣志》卷五十六《風土志》。

68 參見余悅主編《江西民俗》，第 127 頁；魯克才主編《中國民族飲食風俗大觀》，第 203 頁。

末開始銷往贛州、南安等地。後來「三元齋」息業，中斷了生產，該店由原國民黨國防部參謀總辦公室中將主任王恩華的父親王鴻祿集資開設「德福齋」醬園商店，繼續經營辣椒醬業務，一九三六年創辦了「頂呱呱德福齋辣椒醬」，從此聞名於世。[69]

「南康辣椒醬」具有醬香味濃、甜辣香美、芬芳可口、鮮豔光澤、入口起沙、宜胃助食、營養豐富、經久耐藏等特點，富有出類拔萃的獨特風格，是一種深受顧客歡迎的大眾化的精緻調味的地方名特，佐餐佳品。

辣椒不僅是人們生活中重要的菜餚和佐料，而且是一種良藥，具有祛風、散寒、行血、導滯、解郁等功效。

（四）魚肉

至於魚肉等副食，一般是依靠江西本身的優越條件和地理環境，盛產水產品，自產自食，味道鮮美。

（南昌）南昌半水鄉，多魚利，然未有操舟專以為業者，農田之暇，各攜器取之，小兒六七歲即能取魚或日可得

---

[69]　藍善芳：《南康辣椒醬》，《南康文史資料》第一輯，南康縣印刷廠一九八七年印本，第81頁。

百錢，足自食其力已。[70]

（南昌）銀魚，青嵐湖最多，眼白者味佳，小者名繡花針，暑節後出者，曬乾藏之，雖經歲不生蟲。一種形似銀魚，嘴有針，長與身等尖硬如刺，名丁公魚，去其刺，鮮食之，味遜遠甚。[71]

（贛縣）鯽魚，諸魚屬火，鯽獨屬土，故有和胃實腸行水之功。荷包鯽魚肥大，形似荷包，味甚美，出寧都者為最，贛產亦佳。[72]

在新中國成立前，這些只是作為款待賓客之菜餚，隨著經濟水平提高，這些副食也逐漸出現在江西民眾的日常餐桌之上，不僅品種繁多，而且製作巧妙，形成了許多傳統贛菜，如永新狗肉、蓮花血鴨等，詳見本章第三節。

三、其他

除去主食和副食之外，江西由於盛產稻米，因而由優質大米，派生出許多的糕點。傳統糕點有狀元紅、珊瑚條、凍米糖、麻元、麻通、桃酥、柿餅、笑棗等。還有米果，而且米果的做法甚多，有蒸制的各種菜米果、艾米果；有油煎芋包、薯包、菜

---

70 民國《南昌縣志》卷五十六《風土志》。
71 民國《南昌縣志》卷五十六《風土志》。
72 同治《贛縣志》卷九《地理志‧物產》。

餃、牛舌頭、豆巴、花生巴、糖米果；還有曬乾貯存的黃元米果、米粉絲、米粉片（燙皮）等，花色品種繁多，每逢客至或請工用以待客。

米粑。每逢節日或喜事，人們愛做米粑吃，米粑是用秈米、糯米或粟米磨成粉，絹篩濾後和水揉成泥狀，即可做粑。一是做成餡心粑，餡心為鹹、甜兩種，甜餡心有糖紅豆、糖芝麻；鹹餡心為肉末、乾醃菜、大蒜、辣椒、蘿蔔、蘿蔔絲、青菜、豆干，用其中一種或幾種加以調料炒熟而成。粑形有的似小圓球，有的如北方餃子。另一種是實心粑。有的將揉好的粉團填入雕刻成的木粑印內，壓印而成。粑印為長橢圓形或圓形，上有精美的花紋。有的用青菜、小蒜和粉揉製成菜粑。糯米粑蒸熟後切成條塊，浸在水中，可保存較長時期。[73]

薯渣粑。將磨洗薯粉後剩下的薯渣，捏成拳頭大的一團，放在屋上，讓其風吹日曬，雨淋霜凍，約過三個月取下，放在水中浸一段時間，用碓臼舂爛，做成中間厚、四周薄的圓粑放在粥鍋中煮熟，便可食用。[74]

發糕。將米和水一起磨成糊狀，發酵後上籠蒸熟，色白薄軟，別有風味。

糯米湯圓粉。糯米和水磨成漿粉，沉淀後取出，做成小塊曬乾，一年四季都可以保存，油煎或包餡做成湯圓煮食。

73 張軒主編：《九江市風俗志》，第 24-25 頁。
74 張軒主編：《九江市風俗志》，第 24-25 頁。

蛤蟆團子。用小麥粉調成糊狀，一團一團放在鍋裡煮，在沸水中顛撲翻滾，狀如跳騰的蛤蟆，稱蛤蟆團子。

玲瓏珍珠薯粉丸。民間習慣，酒後飯前主人會親自端上一盤「玲瓏珍珠薯粉丸」，這盤裡的薯粉丸子，上面撒上一層熟芝麻粉拌紅糖，白、黑、紅三色相雜，色彩調和，看了使人心裡舒服。吃在嘴裡，又甜又香又軟，這是武寧民間筵席上的一道名菜。

牛皮糖。永豐的名點。以白糯米六成、白早米四成，磨成細嫩的稀粉，摻和紅糯成黏糊狀，製成圓筷，上面塗層油質，撒些芝麻放進蒸籠蒸透蒸熟而成，柔軟帶韌，落口香黏。

第二節 ▶ 歲時節日食俗

作為一個歷史悠久的文明古國，中國保留有極其豐富的飲食民俗文化，特別對於傳統節日，無論是春節、端午還是中秋、重陽，又抑或是冬至、除夕，都有其特定的娛樂活動和飲食習慣。在每一個歲時節日，都會將豐富的飲食、賞心悅目的藝術形式及深厚的文化內涵巧妙地結合在一起，用多彩的飲食活動來體現節日的氣氛，讓長期沉澱的民族文化得以繼承與發揚。

當然，節日食品是豐富多彩的，大致可分為三類，第一類是祭祀的供品，第二類是人們在節日食用的食品。第三類是饋贈食品。歲時節日從年初到年終，每個節日都有相應的特殊食品和習慣。然而，對於一直譽有「人傑地靈、物華天寶」美稱的江西來說，其歲時節日的飲食民俗自然也是極其豐富的，並且極具特

色，彰顯出江西老表們的樸實品質。一般而言，無論城鄉，江西的飲食除沿襲正月十五吃元宵，端午吃粽子，中秋吃月餅的節日飲食風俗外，還有其獨特之處。

本節將試著對江西一年四季各個傳統節日活動中的飲食風俗作一概述。當然，對於四季的劃分，這裡採取農曆月份來劃分四季。以每年陰曆的一到三月為春季，四到六月為夏季，七到九月為秋季，十到十二月為冬季。

一、春季節日食俗

春季，一年四季之首，萬象復蘇草木更新，新一輪播種和收獲季節又要開始。人們剛剛度過冰天雪地草木凋零的漫漫寒冬，早就盼望著春暖花開，生機勃勃的日子。在此之中有春節、立春、人日、元宵、春社、寒食、清明節等。

（一）春節日飲食

正月初一，謂之新春，又稱春節。人們以巨大的熱情迎接新的一年的到來，以辛勤的勞動創造豐富的春節飲食。春節是儀式活動最隆重、食品最豐富精緻的一個傳統節日，一般節日活動會延長到正月十五日。

（進賢）元旦，各村公置譜餅，照灶丁分給，年自六十以上遞增壽餅，以示尊崇，自童生、生員以上遞增考餅，以

為鼓勵。[75]

（峽江）元旦，集少長祀祖先，敘尊卑，拜於堂，飲椒柏酒。[76]

（崇義）每歲元旦……新年歸聚，長幼宴飲，曰年酒。[77]

（廣昌）元旦……鄉鄰往來，投刺以清果，遞茶為敬。新春，人家設春台酒，切生菜，卷春餅。[78]

（金溪）正月元旦，祠堂祭祖……畢，計丁給餅，謂之祠餅……宴客謂之新年酒。[79]

由此觀之，在古代，江西各地，對於春節的食品，主要有酒、餅等，這些主要是先用於祭祀祖先，完畢後再分與眾親。然而近代以來，江西春節習俗又如何？為此，二〇〇四年四月十八日，張來芳、王令策、黃瑜一行三人，特地在南昌廣潤門街道煙筒巷就春節食俗對當地居民進行了採訪，採訪對象主要是七八十歲的老婆婆，採訪內容如下：

王：初一吃什麼呢？

75　同治《進賢縣志》卷二《輿地‧風俗》。
76　同治《峽江縣志》卷一下《地理志‧風俗》，同治十年刊本。
77　光緒《崇義縣志》卷三《風俗》。
78　同治《廣昌縣志》卷一《風俗志》，同治六年刊本。
79　同治《金溪縣志》卷四《風土》，同治九年刊本。

答：初一吃齋麵（麵、稀飯、豆腐、青菜、年糕等）三十年夜飯就放在那裡的，不能吃，魚是不能動的，為什麼嘞，年年有餘。上七過了以後，才可以吃。

王：從初一到上元節前，除了拜年還有什麼活動？

婆婆：走親戚咯，拜年咯，有雞腿吃咯，我專吃麵的，不吃雞腿。

王：這有什麼說法？

婆婆：就說明這個問題啊，接客人要接到過上元（元宵）啊。雞腿就放在碗裡，不能去吃的，都懂。今天你來了，擺在你碗裡，明天他來了，擺在他碗裡，不能吃的。一直留到十五。

婆婆：也還有這樣的，碗裡放三個雞蛋，只能吃一個，不吃最好。

王：這又有什麼說法？

答：也是過年的時候嘛，沒有雞腿就拿三個雞蛋嘛，這是一個風氣習慣。

王：這是什麼意思？

答：吃兩個蛋是罵人，最好是一個都不吃，這個雞腿留在這是財氣，根源上來說是「窮」。原來一碗麵吃完了，還有什麼呢？那是討個口氣：「有吃有剩」。[80]

80　《南昌民俗訪談錄》，轉引自鄭小江、王敏主編：《草根南昌——豫章風物尋蹤》，學苑出版社二○○六年版，第225頁。

無論是古代還是近代，在江西，春節食俗都非常豐富，儀式隆重，品種多樣。當然江西許多地方正月初一興吃素餐。菜飯的做法是：先用油炒菜（白菜、芥菜均可），然後加上米飯和水，煮沸後放些鹽，菜飯就做成了。「菜」與「財」諧音，吃菜飯象徵新的一年會發財。在南昌市進賢縣農村，有的農戶大年初一的主菜是青菜煮豆腐。在宜春城內，居民們正月初一則吃雞蛋蔥花麵條，謂之「新年麵」。蔥青、蛋白、麵條長，與進賢農戶的青菜豆腐一樣，都是取「清白」之意，全家人在新的一年裡清清白白，平安無事，天長地久，萬事如意。在贛縣，早餐吃素，意在免災。[81]春節，又是親戚走動，交流感情的最佳時節。「初一的崽，初二的郎」，這是一句在江西民間廣為流傳的俗諺，也就是說，正月初一時，兒女們要給父母親拜年，初二時，女婿要給岳父岳母拜年。去拜年時還要捎帶些年貨孝敬老人，老人則殺雞宰鴨予以招待。從初三開始，則是其他親戚之間的往來了。一般家家都會自製一些特產來招待客人。如米酒沖蛋，米酒一般都是自家釀製，用糯米為底料，加上發酵用的「酒娘」，密封發酵而成。開封後一般取上清液進一步釀成清酒，有一定的度數，吃飯時佐餐用，酒糟則用來做米酒沖蛋或做菜用。乾薑泡茶，一般在新薑上市時將薑切成細絲，曬乾，灑上精鹽，放入瓷缽貯存，等到春節時候，用少許薑絲加少許茶葉，開水沖泡，具有溫中散

81　《贛縣志》第三十二篇《風俗、宗教》第一章《節日、時令》第一節，節日，新華出版社一九九一年版。

寒、溫胃止嘔的作用。還有各種水果等製成的乾品。如酒泡楊梅乾，在楊梅成熟時節，將楊梅洗淨放入瓶中，加入有一定度數的白酒，密封泡一周即可，可將楊梅撈出，曬乾，就成為酒泡楊梅干，既有楊梅的味道，又有白酒的清香。一般家庭，新春備有「九龍盤」，內盛臘豬肝、香腸、板鴨等佐酒和果品待客。

（二）立春日飲食

立春深受農民的歡迎。因為一過立春，就意味著冬季的結束，進入了春天。它給人們帶來了溫暖，帶來了希望，每家都置備佳釀飲春酒歡慶。江西俗有「立春大於過年」之說，立春之日，一般設酒慶賀，祭祀神靈，祈求庇護，再加以鞭炮等方式迎接新春，同時縣宰必躬親舉行迎春禮儀，街坊「紮故事」慶祝。

（遂川）立春，在畫謂之開眼春，在夜謂之閉眼春。家皆置春酒為歡，小兒不得相詬誶。[82]

（玉山）立春之日……供茶、果、五穀種子，蒸香燈，放花爆，謂之接春。[83]

（樂平）立春日作春盤、春餅，飲春酒。[84]

82　同治《遂川縣志》卷五《政事志・風俗》，同治十二年刊本。

83　同治《玉山縣志》卷一下《地理志・風俗》，同治十二年刊本。

84　同治《樂平縣志》卷一《地理志・風俗》，同治九年刊本。

在江西萍鄉，民國時，民間皆於這天設宴於坪，上置果品、茶葉、大米、雞蛋，交春時分（雞蛋可豎立）焚香鳴炮跪接，祈求一年五穀豐登，六畜興旺。

（三）人日飲食

正月初七為人日，傳說女媧初創世，在造出了雞狗豬牛馬等動物後，於第七天造出了人，所以這一天是人類的生日。江西又有「上七大似年」的說法，城鄉人民都有過「上七」的習俗，熱鬧非凡。在江西一些地方，在這一天，人們停止走親戚，家家備香紙蠟燭和酒肉飯菜，供奉各路神靈，據《荊楚歲時記》記載：「正月七日為人日，以七種菜為羹，剪彩為人，或鏤金箔為人，以貼屏風，亦戴之頭鬢。又造華勝以相遺，登高賦詩。」[85]。因而人們還喜吃「上七羹」。 七羹是指：「大（芥）菜、厚合、芹菜、蒜、春菜、韭菜、芥藍」等蔬菜同煮，寄寓「新（芹）春發（蒜）大財（大菜），久（韭）合各人（芥藍）」的吉祥彩語。

（南昌）上七，早食羹湯，畢，各就恆業，諺曰吃了上七羹，大人小子務營生。[86]

（新建）上七，早食羹湯，畢，農事農功，商理商業，

---

85 （南朝）宗懍撰：《荊楚歲時記》，宋金龍校注，山西人民出版社一九八七年版，第 16 頁。

86 同治《南昌府志》卷八《地理‧風俗》。

諺曰吃了上七羹，大人小子務營生。**[87]**

豐城梅林鄉一帶的上七羹，是在普通羹中另加七種配料：豬肉、雞肉、豆腐、辣椒、粉絲、青菜、香蔥等。吃上七羹時，必須先盛三碗，擺上神龕，焚香燃燭鳴炮，祭祀鬼神。然後再將這三碗羹倒入鍋中和其他羹調和之後，才可食用。鄉人相信吃了這種上七羹，可得到神靈保佑，消災除害，身體健康。

除去吃「上七羹」之外，還有吃「八寶飯」的習俗。在樟樹市經樓鎮，正月初七早上要吃「八寶飯」，俗語曰：「男的吃了拿扁擔，女的吃了拿車擔」。舊時，這一帶初七之後，就要開始幹活。男的一般都在外面耕種或挑腳，女的在家紡織。為了吃飽肚子，干活勁頭大，就把各種食物混合起來煮了吃。其實，也跟「上七羹」差不多的含義，只不過是叫法不同而已。而在贛州於都，「人日，采時菜雜米為羹，以餉新嫁之女」。**[88]**當然也有在正月初八的。「正月八日，以米粉雜蔬菜八種，煮食之，謂之八寶羹。」**[89]**

（四）元宵飲食

正月十五，月亮正圓，一年之中第一個月圓之夜。對於這一

87　同治《新建縣志》卷十五《風俗》，同治十年刊本。
88　同治《雩都縣志》卷五《風俗・民禮附》，同治十三年刊本。
89　光緒《上猶縣志》卷二《輿地志・風俗》，光緒十九年刊本。

天的慶賀，應節食品少不了元宵，在江西，又俗名湯圓，一般在十四日晚上就開始做元宵，「十四夜，以秫粉作團如豆大，謂之燈（湯）圓，享祖先畢，少長食之，取團圓意」[90]，象徵全家人團團圓圓，和睦幸福，人們也以此懷念離別的親人，寄託對未來生活的美好願望。明朝人吳寬《粉丸》一詩，便將吃元宵的場景描述得景致細膩，生動有趣，「淨淘細碾玉霏霏，萬顆完成素手稀。須上輕圓真易拂，腹中磊塊便堪圍。不勞劉裕呼方旋，若使陳平食更肥。既飽有人頻咳唾，席間往往落珠璣」。這也從一個側面反映了當時百姓對元宵這種食品的喜愛。

（廣信府）元宵以粉丸相餉，謂之上元圓。[91]

（分宜）正月元宵夜，婦人入田中摘芸台芯與豆芽，大小合食，名曰炒青，此家鄉之風味。[92]

（會昌縣）十六以後，各置酒燕飲，名曰散燈。[93]

當然，元宵本為節日食品，同時又是敬神之物。在江西宜春一帶，元宵節除了吃湯圓以外，還有一道必不可少的菜——豬耳朵，當地人叫「順風」。元宵節吃順風，表達人們對一切順利的希冀。在撫州、高安一帶，元宵節家家戶戶還做「元宵印餅」。

90 同治《樂平縣志》卷一《地理志·風俗》。
91 同治《廣信府志》卷二《地理·風俗》。
92 民國《分宜縣志》卷十四《風俗志·習慣》。
93 同治《會昌縣志》卷十一《風俗·祈禳》，同治十一年刊本。

印餅用米漿做成，在「印斗」裡壓按出「福」、「壽」、「豐」、「喜」等吉祥字樣及松、竹、梅、雞、豬、牛等圖案。印餅表達了人們來年人壽年豐、六畜興旺、萬事如意的願望。

（五）春社日飲食

春設一般在二月，即立春後的第五個戊日為社日，也叫春社，春季祭祀土地神的日子。鄉民們進行家族祭祖和聚食，人們聚集在社廟，擺上豐富的食品供奉社神，有社酒、社飯等，祭祀結束後，把食物給予鄉民們分享。

（安義）社日，游神集飲酣歌謂之散社，鄉士大夫載酒聊吟，自亭午至晡，謂之飲社。新葬墓，具酒饌祭之，謂之醮社。[94]

（會昌）春社日，咸傾釀於壇壝之側，歡呼痛飲。[95]

（鉛山）春社，鄉間最重。有祀神果、祀神酒，少長咸集，賓朋暢飲，頗多樂趣。[96]

（金溪）社日，村民釀金祀神以祈穀，村翁各飲社酒以歸。[97]

（湖口）春社，里民詣社所祈祭，約正人等告以鄉約，

94　同治《安義縣志》卷一《地理志・風俗》。
95　同治《會昌縣志》卷十一《風俗・祈禳》。
96　同治《鉛山縣志》卷五《地理志・風俗》，同治十二年刊本。
97　同治《金溪縣志》卷四《風土》。

聚飲而返。[98]

（上猶）二月，上戊，鄉間祭社，每數家或數十家，釀錢設酒肉於壇前，作灶具熟饌，供神畢，席地圍坐，啖飲極暢，欣喜歡呼而散。[99]

（武寧）春社，祈穀，同社者祭畢，飲酒。[100]

在萍鄉，一般舉行祈求豐年的祭祀活動，曰之為「做保豐」，祭祀結束之後，設宴，曰之為「吃保豐酒」。人們在享受豐盛美味的食物之時，念念不忘土地之神的恩德。

（六）寒食節

寒食節，晚於上巳節，早於清明節。這一天，禁止生火，只能吃準備好的熟食，冷食。「去冬節一百五日，即有疾風甚雨，謂之寒食。禁火三日，造餳、大麥粥。」[101]寒食食品包括寒食粥、寒食麵、寒食漿等；寒食供品有麵燕、蛇盤兔、棗餅、細稞等；飲料有春酒、新茶、清泉甘水等數十種之多。其中多數寓意深刻，如祭食蛇盤兔，俗有「蛇盤兔，必定富」之說，意為企盼民富國強。在江西各地，「寒食節，清明前一日，相傳晉文公悼念介子推抱木焚身，定於是日禁火寒食。民間有煮粳米、搗杏仁

98　嘉慶《湖口縣志》卷十八《歲時民俗》，嘉慶二十三年刻本。
99　光緒《上猶縣志》卷一《輿地志·風俗》。
100　同治《武寧縣志》卷八《風俗》。
101　（南朝）宗懍：《荊楚歲時記》，宋金龍校注，第33頁。

作粥之習。」[102]

（七）清明節

清明，乃天清地明之意。農曆書曰：「斗指丁為清明，時萬物潔顯而清明，蓋時當氣清景明，萬物皆齊，故名也。」清明時節，江西各地人民都要做米果、米粑，也叫艾米果。艾為當年生草本植物，春季與地菜一樣遍地叢生，其葉清香翠綠，舊時為貧民充飢度荒之物。傳說晚清時期，有個姓艾的女人，人稱艾嫂，在修水縣城清雲門外搭了個小茶棚擺設茶攤。為招來顧客，就試用這種艾葉和糯米粉做成包有糖餡、形似哨子的點心應市。一日，一儒者慕名而來，品嘗後稱贊名不虛傳，遂問此品何名，艾嫂笑對來者，無言可答。儒者見艾嫂熱情和藹又胖乎乎矮蹬蹬的，便風趣地說：「我替你取個名吧。」艾嫂點頭應允，儒者便戲說：「這玩藝既是艾葉和米粉做的，又形似你艾嫂，就叫它『艾米果』吧！」在座顧客聽後一齊拍手叫好。從此艾米果這道點心就傳遍全縣甚至全省，成為清明應時佳點。[103]

（樂平）清明以青餈、黑飯、牲禮祭墓。[104]

---

102 朱西屏：《蘆溪區解放前的民情風俗》，《蘆溪文史資料（工商史料特輯）》總第四輯，第 158 頁。

103 張軒主編：《九江市風俗志》，第 61 頁。

104 同治《樂平縣志》卷一《地理志‧風俗》。

（玉山）米粉雜艾萌作果，謂之清明果。[105]

（橫峰）米粉作粿，謂之飯，仍寒食之風。[106]

（永豐）在清明時節之時，以米粉作果，稱為繭果，或壓糯米為糕，澆上糖汁，稱為飯果，猶有寒食之遺風。

然而鄱陽人則喜愛做「水菊清明粑」，「水菊子」是波陽人的俗稱，學名為鼠曲草，又名米曲、鼠蒿、茸母。

清明節是一個祭祀祖先的節日，主要是掃墓，掃墓是慎終追遠、敦親睦族及行孝的具體表現。在萍鄉，鄉人於清明前三天（含清明這天）掃墓，俗云：「清明不掛地（墳），公公婆婆出眼淚」，這天，人們喜食米粉蒸肉。

（贛縣）是日，各家均備三牲，上山祭掃……有眾產，有祠堂者，必備酒菜，舉行祀禮，祭畢，聚族人而食焉。[107]

（遂川）清明前一日，具雞黍，詣祖先墓……至日黎明，合祭大宗祠，肅禮儀，陳牲醴，祭畢，分胙，謂之春祭。[108]

（新建）清明……俗尚春餅，城麵以麥，鄉麵以米，薄

---

105 同治《玉山縣志》卷一下《地理志・風俗》。
106 同治《興安縣志》卷四《地理志・風俗》，同治十二年刊本。
107 民國《贛縣新志稿》，第十七章《社會・風俗》。
108 同治《遂川縣志》卷五《政事志・風俗》。

者佳。[109]

　　而在安義縣，清明祭掃惟男丁行祭，婦女皆不參加，並且喜釀「清明酒」。

　　　　（安義）清明前後五日內，農人浸稻種，治酒饁佃農，各子姓載酒祭先塋，掛紙錢於墓。是日釀酒，曰「清明酒」，色紅而味甘。士林亦於是日為踏青之游，孩童作風箏之戲。[110]

　　除清明果、清明酒之外，還有一些地方喜食桐葉飯，並且祭祀祖先，以此來表達對亡人的思念之情。

　　　　清明前後，聚族肆祖嗣……以桐葉淪米作飯，亦槐葉冷淘遺意。[111]

　　在萍鄉蘆溪地區，除去祭掃，吃米粉肉等習俗，還有吃雞蛋的習俗。「城鄉有拔地菜（薺菜、雞肉菜）煮雞蛋吃之風俗。有『三月三，地菜當靈丹，清明吃了子，芒鎚打不死』之諺

109　同治《新建縣志》卷十五《風俗》。
110　同治《安義縣志》卷一《地理志·風俗》。
111　光緒《長寧縣志》卷三《政志·風俗》，光緒二年刊本。

傳」[112]。

二、夏季節日食俗

　　萬物蔥綠的春季一過，驕陽似火的夏季便隨之而來。食物種類頗多，相應地使得夏季歲時節日的應節食品豐富起來。屬於夏季的歲時節日有浴佛節、立夏、端午節、嘗新節等。

（一）浴佛節

　　浴佛節，又名四月八、佛誕節、龍華會。它本是佛教傳入中國後興起的一個宗教節日，但在節日活動中卻有諸多中國傳統文化的特點。其中，節日的飲食文化活動便十分豐富，如不僅要喝浴佛水，還有許多富有特色的飲食佳品，如青米飯、烏米飯等。此俗源於民間「目蓮救母」傳說。古代有孝子目蓮，其母因犯罪被打入地獄，目蓮每天去給母親送飯，飯都被守獄的小鬼吃掉。後來，目蓮將米染烏，做成烏飯送去，小鬼們見飯黑，不敢吃，目蓮母方得食用。舊時，浴佛節這一天，希圖為親人亡靈超度的，紛紛向寺廟施舍錢財，寺廟裡備有烏飯，向施主發送。也有僧尼到民間挨門挨戶發放烏飯，凡接受烏飯者，都要報之以金錢。後來演化為每年夏曆四月初八浴佛節，民間各家各戶自己做

112　朱西屏：《蘆溪區解放前的民情風俗》，《蘆溪文史資料（工商史料特輯）》總第四輯，第 154 頁。

烏飯食用，並饋贈親友。[113]

（鉛山）四月八日為佛生日，用烏繁葉搗汁浸米和糖，炊烏飯，即所謂青粳飯也，姻親每相饋送。[114]

（湖口）四月八日，觀晴雨以占水旱，炊烏飯以避蠅。[115]

（橫峰）四月八日，親鄰以楊桐葉漬汁，蒸烏飯，相饋送。[116]

（廣昌）四月八日，婦女作烏桐飯供佛。[117]

可以看出，江西大部分地方在浴佛節都喜食烏米飯，並且將之饋贈親友。當然，也有其他地方有特別的食宿：

（萬安）四月八日，名黃梅節，人取梅食之，無瞌睡。[118]

---

113 葉大兵、烏丙安主編：《中華風俗辭典》，上海辭書出版社一九九〇年版，第 386 頁。

114 同治《鉛山縣志》卷五《地理志・風俗》。

115 嘉慶《湖口縣志》卷十八《歲時民俗》。

116 同治《興安縣志》卷四《地理志・風俗》。

117 同治《廣昌縣志》卷一《風俗志》。

118 同治《萬安縣志》卷一《方輿志・風俗》，同治十二年刊本。

（二）立夏

立夏過後，便是烈日當空，悶似蒸籠的夏天，江西老表一般在立夏吃一些食物，往往寄托著祈福保平安的願望。

（南昌）立夏日，士民家煮粉團食，謂之立夏羹。又有相約歡會飲茶者，曰立夏茶，謂是日不飲茶，則一夏苦。[119]

（南昌）立夏日，婦女聚七家，相約歡飲，曰「立夏茶」。謂是日不飲，則一夏苦晝眠也。農人分秧畢，合家擇日酒食，村醞糝肉，鄰舍相饋遺，曰「洗泥」。[120]

立夏日喝立夏茶的習俗，來源於一個古老的民間故事。傳說古時候有個農婦，她的七個兒子與兒媳都很恩愛，夏天也要過夫妻生活。在一年立夏日，「撐夏」之後她泡了一壺熱茶，命七個媳婦趁熱大口喝掉。媳婦們個個都覺得滾燙難喝。農婦說：「你們只曉得熱茶燒心，難道就不曉得熱床傷身嗎？」一句話說得媳婦們臉紅耳赤，從此以後，夏天再也不與丈夫親熱了。故事傳開後，便逐漸形成了喝立夏茶的習俗。[121]

曾有這樣有一首《立夏茶詞》描繪出了立夏日喝立夏茶之情

119 民國《昭萍志略》卷十二《風土志‧禮俗》，民國二十四年（1935）刊本。

120 民國《南昌縣志》卷五十六《風土》。

121 梅聯華：《圖說南昌民俗》，江西美術出版社二〇〇八年版，第23頁。

景：

> 城中兒女無一事，四夏晝長愁午睡；
>
> 家家買茶作茶會，一家茶會七家聚。
>
> 風吹壁上織作筐，女兒數錢一日忙。
>
> 煮茶須及立夏日，寒具薄持雜藜粟。
>
> 君不見村女長夏踏紡車，一生不煮立夏茶。[122]

以上足見人們對立夏日喝茶的重視，同時還有吃立夏飯或立夏羹的習俗，一般是用豆子和米相煮而食。

> （上高）立夏日，各家治羹，謂之立夏羹。[123]
>
> （樂平）立夏，以赤小豆和米煮食，曰「立夏飯」。[124]

在江西其他各地，還有在立夏日吃好食補體力的習俗，而補充體力的方法多種多樣，如吃雞蛋、吃狗肉、吃雞、吃米粉肉等。在波陽田阪街一帶，這一天家家做米粑、煮雄子雞吃，俗稱「撐夏」。波陽流傳這樣的俗語：「一到立夏邊，走路要人牽。」人在立夏時節常常感覺全身癱軟，四肢無力，但這段時間農田的

---

122 《立夏茶詞》，轉引自鄭小江、王敏主編《草根南昌——豫章風物尋蹤》，第 11 頁。

123 同治《上高縣志》卷四《風俗》。

124 同治《樂平縣志》卷一《地理志·風俗》。

活又特別多。所以，人們便在立夏這一天忙裡偷閒做些好吃食，以補充體力。立夏殺狗吃肉補身，使當天的狗無處藏身，但不能在家宰殺，必須在野外加工。立夏還要吃鹹蛋。有「立夏不吃蛋，上坎跌下坎」的俗語。意在補夏強身，勞動有勁。因為立夏開始進入炎熱的夏天，人們在熱天容易掉膘退瘦。俗傳，立夏吃蛋，叫做「補夏」。

（遂川）立夏……這一天必吃麻仔米粿和雞蛋，一般由外公外婆送吃食給外孫們。[125]

（上猶）立夏日，人家多煮全雞子，蒸臘肉，以燒酒飲之，並宰狗食之，似亦仿古烹狗祖陽之意。[126]

（贛縣）是日，聚家人食米粉肉，或謂是日系狗壽辰，必以米粉肉飼之。舊習，是日，衡人體重，謂衡後可免退瘦，且除災難。[127]

（安義）立夏，炒黏米磨粉，加香料，和酒漿，蒸米粉肉。食後，不分老幼，衡其輕重，藉以觀肥瘦之消長焉。[128]

（分宜）立夏節，抱朴子服壬癸符，以防暑。而農家多飲羹粥，食雞蛋，大抵亦襲其遺意。[129]

125 考祥：《舊時節日風俗》，《遂川文史資料（遂川風物）》第五輯，第84頁。
126 光緒《上猶縣志》卷一《輿地志·風俗》。
127 民國《贛縣新志稿》第十七章《社會·風俗》。
128 同治《安義縣志》卷一《地理志·風俗》。
129 民國《分宜縣志》卷十四《風俗志·習慣》。

（三）端午節

農曆五月初五，是傳統的端午節。從五月初一日起，家家戶戶門上插菖蒲、艾枝以除祟，灑雄黃酒於地以制「五毒」（蜈蚣、蠍子、壁虎、蛇、蜘蛛），室內點長香驅殺蚊蠅。小孩掛香袋（用紅綠絲線編織，內裝樟腦等藥物），頭上搽雄黃。人們認為端午節預示暑夏來臨，疾病也開始流行，因而，飲雄黃酒或者塗雄黃酒能避邪，驅蟲。親朋之間互以粽子、包子、蠶豆、茶蛋、糕點等相贈送。

　　（南昌）五日，以雄黃塗小兒額及兩耳，避蟲。捉小兒爆火，無腹疾。[130]

　　（安義）端午，饋角黍、塗雄黃、泛菖蒲、懸艾葉。[131]

　　（新建）五月五日早設葦酒，具角黍，門懸蒲艾。[132]

　　（南康）搗雄黃和酒，飲以辟毒，餉角黍相饋。[133]

　　（萍鄉）萍俗五月朔早，晨曦方出，一般小兒向母索錢，趨購麥包與角黍（俗名包子與粽子）。蓋萍俗是日以麵包與角黍為要品，售包子、粽子之齋鋪，至五月朔方開市，且開籠之包粽較後出者為大，故小兒趨前往買。城內店戶，

130　民國《南昌縣志》卷五十六《風土》。

131　同治《安義縣志》卷一《地理志・風俗》。

132　同治《新建縣志》卷十五《風俗》。

133　同治《南康縣志》卷一《風俗》，同治十一年刊本。

鄉村居民，亦復爭先恐後，購之饋送親友……各家早膳時，將粽子、包子、醃蛋、大蒜各物置於桌上，合家大嚼。飲雄黃酒以解毒，懸菖蒲艾於門前，並於屋角遍灑雄黃，謂能驅邪。[134]

（宜春）五月五日，早設開罋酒，具角黍，門懸蒲艾。[135]

（分宜）端午節，家家戶戶晨插新艾、菖蒲於門首，啖角黍，飲雄黃燒酒[136]。惟端午節食角黍、麵包，此為特別，非日食常品。[137]

（廣信府）端午以龜肩、角黍相饋，掛艾葉，飲蒲酒。[138]

（德安）端午，插蒲艾，啖角黍，和以雄黃。[139]

（樂平）端午……面塗雄黃以辟邪，晨起，飲菖蒲、雄黃酒以治聾。餘酒遍灑堂室以禳毒。作角黍祀祖先，戚友相饋。[140]

（安遠）端陽日，各家插艾，飲蒲酒，裹米為粽，以相

134 《萍鄉歲時之風俗》，胡樸安：《中華全國風俗志》下編，第 296 頁。
135 康熙《宜春縣志》卷十二《風俗》。
136 民國《分宜縣志》卷十四《風俗志·習慣》。
137 民國《分宜縣志》卷十四《風俗志·生活》。
138 同治《廣信府志》卷二《地理·風俗》。
139 同治《德安縣志》卷八《風俗志》，同治十年刊本。
140 同治《樂平縣志》卷一《地理志·風俗》。

饋送。[141]

　　（金溪）端午日，懸菖蒲、艾葉於門，飲菖蒲、雄黃酒，食角黍，並相饋遺。[142]

　　（廣昌）端午，以蒲艾、葛懸門，啖角黍，泛蒲觴，龍舟競渡。[143]

　　（上高）端午日，民間門戶插艾、解粽、飲雄黃酒。[144]

　　（崇義）端午，書門符，懸艾虎，以糯米為角黍，相饋遺，飲雄黃、菖蒲酒以辟瘟疫。[145]

　　（萬安）端午，戚屬互以角黍、麵、扇等物相饋，飲雄黃酒，兒童以雄黃少許塗頭面。[146]

　　（贛縣）搗雄黃和酒而飲，皆避毒也。[147]

　　角黍，即粽子，一般用粽葉或竹葉包裹，種類有鹼水粽子和包餡粽子。江西的粽子，米質香軟，分鹹、甜兩種。鹹的以新鮮豬肉浸泡上等醬油後作餡，每只粽子用肥瘦肉各一片。甜粽以棗泥或豆沙為餡，上面加一塊豬板油，蒸熟，豬油融入豆沙，十分香滑適口。除粽子這樣的應節食品之外，像在萍鄉以及安義等地

141　同治《安遠縣志》卷一《地理志・風俗》。
142　同治《金溪縣志》卷四《風土》。
143　同治《廣昌縣志》卷一《風俗志》。
144　同治《上高縣志》卷四《風俗》。
145　光緒《崇義縣志》卷三《風俗》。
146　同治《萬安縣志》卷一《方輿志・風俗》。
147　民國《贛縣新志稿》第十七章《社會・風俗》。

方，還有吃包子和蒜的食俗。

> （安義）端午……晨食角黍、包子、蛋、蒜等，名之「開聾」。[148]

《本草綱目》認為大蒜有「通五臟，達諸竅，去寒濕，避邪惡，消腫痛，化瘦積肉食」之效。同時還要煮許多茶蛋和鹽蛋吃，蛋有雞蛋、鴨蛋、鵝蛋，蛋殼染成紅色，用五顏六色的網袋兜起來，小孩掛在脖子上，意味著祝小孩逢凶化吉，平安無事。

（四）嘗新節

嘗新節，農曆六月六日，又叫半年節，是農村的隆重節日。江西農家從田中摘取少許將熟的稻穗，搓成米粒，煮成新米飯，殺雞宰鴨，舉行家宴，叫做嘗新。宴前，先將飯菜供天地，祭祖先，再將新米飯餵給狗吃，然後按家中長幼次序嘗新米飯。

> （南昌）六月早稻熟，擇辛日作新米飯，先薦祖考，然後合家食之，名曰「食新」。[149]
> （上猶）六月六日種山（田）土人以此日風色日色，占是年山（田）藝成熟，倘遇風日晴朗，則宰豚置酒相慶，視

148　同治《安義縣志》卷一《地理志・風俗》。
149　同治《南昌府志》卷八《地理・風俗》。

佳節宴會，更倍歡欣。[150]

（龍南）五月，新穀初登，嘗新日必具酒肴，先薦而後
食，饋遺親朋，佐以雜品，彼此往來不絕。[151]

六月六日除了有嘗新這種節日活動之外，江西民眾還認為六
月六日是曬東西的最佳時日。

（樂平）六月六日曝，能辟蠹。士以書曝，農以稻曝，
女以衣曝。[152]

江西德安，俗傳六月六日為楊泗菩薩之誕辰，這天必須曬衣
服以及迎接楊泗菩薩。

楊泗菩薩是日必須曬袍。家家戶戶之婦女及兒童，皆著
新衣新裳迎接楊泗菩薩，須恭恭敬敬，不敢說一句笑談；如
敢有說笑談，謂菩薩必將降災於其人之身。並將楊泗菩薩由
此屋迎進到彼屋，名曰過案。所供之物，為麥製之發粑，及
細茶、豬肉。供過以後，便將物品分給兒童，云食之菩薩必
保佑其身體強健。倘是日天雨，大家必云：五月十三日楊泗

150　光緒《上猶縣志》卷一《輿地志・風俗》。
151　光緒《龍南縣志》卷二《地理志・風俗》，光緒二年刊本。
　152　同治《樂平縣志》卷一《地理志・風俗》。

菩薩既未拿雨水給關爺磨刀，所以今日關爺亦不拿太陽給楊泗菩薩曬袍也。[153]

在南豐縣除六月六曬衣習俗外，還以花椒蒸雞作糜，說是吃後可補陽，有民諺：「六月六，紅酒燒雞肉」，也有取一碗泉水，將雞蛋放入其中，到太陽下暴曬，待一時辰後，雞蛋可曬熟，吃了說是可得陽精，也有民諺云：「六月六，曬得雞蛋熟，吃了壯筋骨。」[154] 在九江地區，六月六日各地均吃肉，多少不論。俗諺有：「六月六，要吃肉，不吃肉，生瘤毒。」[155]

三、秋季節日食俗

秋天，是一個收獲的季節，金黃的季節，它同春一樣的可愛，同夏一樣的熱情，同冬一樣迷人。秋高氣爽，空氣清新，秋季的節日食物主要注重天賜，盡情享受大自然的豐碩果實。秋季的節日有七夕、中元、中秋、重陽等。

（一）七夕

七月初七謂之七夕節，又稱之為「乞巧節」或者「女兒節」，它是中國傳統節日中最具浪漫色彩的一個節日。傳說在這

153 《德安楊泗菩薩曬袍之風俗》，胡樸安：《中華全國風俗志》下編，第 301-302 頁。
154 萬建中、劉筱蓉：《贛江流域的民俗與旅遊》，第 86 頁。
155 張軒主編：《九江市風俗志》，第 82 頁。

天晚上，抬頭就可以看到牛郎織女的銀河相會，在瓜果架下可以偷聽到兩人在天上相會時的脈脈情話。在江西，七夕節，古有「少女拜織女，讀書人拜魁星，穿針乞巧」之俗，用瓜果或者糕果祭祀牛郎織女。

（安義）七夕，婦女陳瓜果於庭，拜雙星，乞伉儷和諧。向月宮穿針乞巧，學子飲酒賦詩賞秋河，迄今鮮有此雅人深致者。[156]

（樂平）七夕，婦女陳瓜果乞巧。[157]

（萬安）七夕，女子設瓜果於庭。[158]

（鉛山）七月七夕，家家設糕果，祀牛郎織女。有小兒女之較弱者，必令禮拜，祈雙星福佑，卻無乞巧之舉。[159]

（新建）七夕，日間士家曝書，夜則女婦為乞巧會，具瓜果祭織女。[160]

（廣昌）七月七日，婦女作乞巧會，羅拜月下，以諸果置糖蜜水中，露一宿，厥明飲之，謂之「巧水」。[161]

（萍鄉）七巧節……農村婦女喜於是日採摘紫蘇葉、枇杷葉、柑子葉、橙子葉、過路黃荊、車前草、水燈芯等七種

---

156 同治《安義縣志》卷一《地理志·風俗》。
157 同治《樂平縣志》卷一《地理志·風俗》。
158 同治《萬安縣志》卷一《方輿志·風俗》。
159 同治《鉛山縣志》卷五《地理志·風俗》。
160 同治《新建縣志》卷十五《風俗》。
161 同治《廣昌縣志》卷一《風俗志》。

草藥熬水，磨早禾米粉，做成米丸炒煮吃，謂可祛濕、消脹、健腳勁。蘆溪、上埠、宣風還有吃「七心菜」的習俗。[162]

然而，無論是飲乞巧水，還是吃乞巧藥，抑或吃七心菜，這些古老而又浪漫的習俗活動，正在弱化或者已經消失，唯有象徵忠貞愛情的牛郎織女的傳說，一直在民間流傳。

（二）中元節

農曆七月十五為中元節，亦稱之為「鬼節」。在江西，當天，人們一般擺酒席祭奠祖先，之後，將祭祀完祖先的祭品分給族眾享受，以此來福佑家族安康。

> （星子）中元，陳酒肴以祭祖，先延僧設醮賑孤鬼，為盂蘭會。[163]
>
> （鉛山）七月中元節，每家擇日祀祖，薦新貢獻。葷素各半，務豐。潔誠敬祀後，以肉果互相餽遺，為享神惠。[164]
>
> （贛縣）舊曆七月望日為中元節，是夜具三牲，焚楮

---

162 朱西屏：《蘆溪區解放前的民情風俗》，《蘆溪文史資料（工商史料特輯）》總第四輯，第 159 頁。

163 同治《星子縣志》卷一《疆域志‧風俗》。

164 同治《鉛山縣志》卷五《地理志‧風俗》。

幣，以祀先人亡者。[165]

（樂平）中元，以牲醴羹飯，焚楮幣，祀其先。[166]

（三）中秋節

中秋節，賞月可謂是最主要的活動，月餅是中秋佳節食品，是全國各地普遍盛行的食俗，並且將月餅相互贈送給親友，以增進彼此之間的親情。關於月餅的來歷，有許多說法，這裡只介紹一個傳說。乾隆皇帝下江南，游到杭州正值中秋，有人獻上甜餅。乾隆一邊賞月，一邊品嘗，連聲稱讚：「好月，好餅，中秋良宵也。」從此，甜餅成了月餅。最初月餅僅僅是拜月的供品、節日食品，由於人們在節日中強調血緣家族團結，後來才兼有「團圓餅」的意義。

（安義）中秋……設餅餌合宴賞月，夜深方罷。[167]

（安遠）中秋夜，四民皆飲酒賞月。[168]

（樂平）中秋，設香案迎月出，陳果酒薦祖先，親屬以月餅相饋。[169]

（分宜）八月十五夜，家家戶戶團坐中庭賞月，席上多

---

165 民國《贛縣新志稿》第十七章《社會‧風俗》。
166 同治《樂平縣志》卷一《地理志‧風俗》。
167 同治《安義縣志》卷一《地理志‧風俗》。
168 同治《安遠縣志》卷一《地理志‧風俗》。
169 同治《樂平縣志》卷一《地理志‧風俗》。

以藕、梨、糕、餅食品。[170]

（橫峰）中秋夜，設瓜、藕、餅、果於庭台高處，坐待月華，簫鼓群飲，謂之賞月。[171]

（廣信府）中秋賞月以瓜果相饋。[172]

（星子）中秋，剖瓜、賞月，戚友以月餅相遺。[173]

（南城）中秋午宴，肴饌殺於諸節。夜具果餅賞月，以月餅相饋遺。[174]

（廣昌）中秋，士大夫家登樓玩月，設瓜酒，啖月餅，夜分乃罷。[175]

（崇義）中秋，賞月，作月餅，聚飲。[176]

在江西上饒的鉛山，還有給未生育者送冬瓜之俗，寓意期盼早日得子，家庭幸福美滿。中國人有句古話「不孝有三，無後為大」，所以人們對娶妻生子繁衍後代非常重視。

（鉛山）八月中秋節，親友饋送各種月餅，以助月下茗戰之資，間有取大冬瓜一枚，宮燈鼓吹，送親友之未得子

170 民國《分宜縣志》卷十四《風俗志·習慣》。
171 同治《興安縣志》卷四《地理志·風俗》。
172 同治《廣信府志》卷二《地理·風俗》。
173 同治《星子縣志》卷一《疆域志·風俗》。
174 同治《南城縣志》卷一之四《風俗》，同治十二年刻本。
175 同治《廣昌縣志》卷一《風俗志》。
176 光緒《崇義縣志》卷三《風俗》。

者。[177]

鉛山縣人鍾謙曾有詩曰：「滿庭月色白如銀，鼓吹聲聲鬧比鄰。若箇無兒同伯道，及瓜應得石麒麟。」[178]

在江西南康、上猶等地方，因為該地盛產柚子、橙子之類的水果，色澤金黃，個大汁多，備受鄉民們喜歡，因而成了中秋節的饋送之物或者喜食之品，增添了節日氣氛。而在浮梁一帶，又將該節喻為團圓節，每到這一天，人們總是骨肉團聚，合家共度。早餐習慣以鹼水粑（亦稱鹼水糕或灰水餅）為食，晚上，吃飯後，置桌子於月光下，備月餅、花生、板栗、橘子、梨等果品及茶水，集全家老小品嘗，一邊賞月，一邊拉家常，盡情享受天倫之樂。

　　（贛縣）是日，親友多以月餅、橙子相饋。夜間敬月，以月餅、橙子為禮。[179]
　　（上猶）中秋夕，全家羅坐庭除，陳柚與餅，對月食之，謂可明目。[180]

在婺源，中秋節這一天又必須吃池塘裡的魚，認為這天池塘

---

177 同治《鉛山縣志》卷五《地理志·風俗》。
178 同治《鉛山縣志》卷五《地理志·風俗》。
179 民國《贛縣新志稿》第十七章《社會·風俗》。
180 光緒《上猶縣志》卷一《輿地志·風俗》。

裡的魚，營養價值極為豐富。

（婺源）婺源人於中秋節之一日，必食塘魚。塘魚係人家辟塘蓄養之魚。相傳塘魚迨至中秋，腦髓始能充滿，人家食之，格外能滋養。私塾學生，對於先生有送節之禮儀，塘魚亦為送節禮品之一種也。[181]

（四）重陽節

農曆九月九日，二九相重，也叫重九節。重陽節正值秋收完畢，穀物入倉，水果鮮美，魚鱉肥碩，秋高氣爽，風光宜人，在民間，主要的應節食品是飲菊花酒，吃重陽糕。菊花酒，是頭年重陽節時專為第二年重陽節釀製的，九月九日這天，採下初開的菊花和一些青翠的枝葉，摻和在準備釀酒的糧食中，然後一起用來釀酒。於次年的重陽節才可開壇飲用，傳說喝了這種酒，可以延年益壽。吃重陽糕之習，糕與高諧音，取吉祥之意。重陽糕制無定法，較為隨意，而且不僅自家食用，還饋送親友。

（南昌）九月，市（吃）重陽糕……士大夫或於龍沙開宴泛菊。[182]

---

181 《婺源中秋風俗談二》，胡朴安《中華全國風俗志》下編，第 276 頁。
182 同治《南昌府志》卷八《地理・風俗》。

（新建）九日，士大夫多於龍沙開宴，設五色糕，泛菊。[183]

（南城）重陽節……蒸菊花糕，飲茱萸酒，宴會之盛，勝於中秋。[184]

（廣信府）重陽，治霜糕，插茱萸，酣飲為樂。[185]

（樂平）重陽，士人登高燕（宴）賞，以茱萸泛酒飲之，製糕相饋。[186]

（上猶）重九登高，鄉裡蒸餈粑食之。[187]

（廣昌）九月食大豆，泛黃酒，插菊花，登高山。[188]

（橫峰）重陽釀菊花酒、治霜糕。[189]

（贛縣）舊曆九月九日俗呼重陽，是日家家必吃薯元。[190]

（遂川）九日登高泛萸酒，就便處為竟日飲。[191]

（崇義）九月，初一至初九止，重陽登高，飲菊花酒。[192]

183 同治《新建縣志》卷十五《風俗》。
184 同治《南城縣志》卷一之四《風俗》。
185 同治《廣信府志》卷二《地理‧風俗》。
186 同治《樂平縣志》卷一《地理志‧風俗》。
187 光緒《上猶縣志》卷一《輿地志‧風俗》。
188 同治《廣昌縣志》卷一《風俗志》。
189 同治《興安縣志》卷四《地理志‧風俗》。
190 民國《贛縣新志稿》第十七章《社會‧風俗》。
191 同治《遂川縣志》卷五《政事志‧風俗》。
192 光緒《崇義縣志》卷三《風俗》。

（金溪）九月九日，村人各於近地小山登高，亦有簪菊花，飲茱萸酒者。[193]

（安遠）重九日，插菊花，攜萸酒，相率登高。[194]

四、冬季節日食俗

秋去冬來，又是一個寒冷的季節。冬季的節日有立冬、冬至、臘八、祭灶、除夕等。冬季人們有較多的閒暇來從事食物的烹飪，不像春、夏、秋三季關注食物的重點是嘗新。寒冷中透出溫暖，溫暖出自火爐中，出自餐桌，人們用豐富多彩的飲食活動驅走嚴寒。

（一）立冬

有「立冬補冬，補嘴空」之說，立冬的到來是陽氣潛藏，陰氣盛極，草木凋零，蟄蟲伏藏，萬物活動趨向休止，以冬眠狀態，養精蓄銳，為來春生機勃發作準備。江西靖安，在這一天以雞和白蘿蔔燒肉進補，說是只有這樣到了寒冷的冬天，才能夠抵禦嚴寒的侵襲。雞肉甘溫，入脾胃經，是進補的佳品。進補以清補為主，燉雞時不加黃芪、人參等中藥。白蘿蔔性甘涼，有消食化痰、下氣寬中的功效，在當地有「土人參」之稱，在這天吃白蘿蔔還可防止吃雞補太過。在江西萍鄉，立冬時殺鵝，諺語云：

---

193 同治《金溪縣志》卷四《風土》。
194 同治《安遠縣志》卷一《地理志·風俗》。

「立冬不殺鵝，一日瘦一砣。」[195]

（二）冬至

也叫冬節。在江西，在這一天舉行祭祖活動，其狀況勝似過年。

> （東鄉）冬至，祀祖如元旦，有「冬至大似年」之諺語。[196]
>
> （南昌）冬至……歲將終，擇日治酒，曰「團年」。[197]

（三）臘八

臘月初八，按照江西民間傳統習慣，家家戶戶在這一天都要煮食臘八粥。

> （湖口）臘八，以白米和棗豆諸物為糜食之，曰「臘八粥」。[198]

臘八粥一般以糯米、蓮子、花生、紅棗、桂圓等雜糧乾果熬

195　《萍鄉市志》第四十七篇《生活·風俗》第二章《風俗》第四節，歲時節日，方志出版社一九九六年版。
196　同治《東鄉縣志》卷八《風土志·風俗》，同治八年刻本。
197　民國《南昌縣志》卷五十六《風土志》。
198　嘉慶《湖口縣志》卷十八《歲時民俗》。

成。吃臘八粥，不僅是江西民眾臘八節的突出飲食習慣，而且還效仿佛門施粥送福，在親友鄰里之間相互饋贈，以示祝福。在南昌，每到臘八節，佑民寺特意煮一大鍋臘八粥，提供給前來上香的香客。食用臘八粥，預祝來年五穀豐登，吉祥如意。由於「臘月八日，民間煮粥食，雜以蔬果，曰『臘八粥』，是月也，多婚葬」[199]，因而，在臘八節，新人結婚也是紮堆的，希望婚姻美滿幸福。

（四）小年

俗稱小孩過年日，在江西，有些地方是臘月二十四，有些地方是臘月二十五。在當天晚上，民間有「送灶神上天」的習俗。祭灶之前要先掃塵，家家撢塵掃地，通溝排水，洗盆擦蓋，抹洗門窗、家具，洗滌被褥蚊帳等，大搞家庭衛生。掃塵主要是將家裡進行徹底清潔，主婦通常先將房裡的床鋪家具遮罩起來，用頭巾將頭包好，然後用掃帚將牆壁上下掃乾淨。掃屋之後，擦洗桌椅，掃塵後，整個屋子煥然一新。新貼的春聯，鮮豔奪目，顯示著紅紅火火的鴻福盛景。活靈活現的門神，抬頭見喜的橫幅，精美的窗花，五彩的年畫，花團錦簇的燈籠，和神龕上豐饒的祭品，無不顯示著喜氣洋洋、欣欣向榮的節日景象。接著開始祭灶，這一天晚上備小宴，點燭燒香，燃放鞭炮，送灶神，祈求灶神「上天奏善事，下地降吉祥」。

---

199 乾隆《德化縣志》卷三《方輿志・風俗》，乾隆四十五年刊本。

（贛縣）舊曆十二月二十四日為小年。俗謂「孩童過年」。夜，酒肴豐盛，一如除夕。晚飯祭灶，謂歡送神上天奏善事也。[200]

（德化）二十四日，掃舍宇，祀灶，薦以甜餅，謂甜神之口。[201]

（崇義）臘月二十四日，掃舍宇，具儀物，合家歡飲，為小年。是夜祀灶神。[202]

（上高）臘月二十四日，俗呼小年，至夕，具糖飴祀灶，亦有二十三日者。[203]

（新建）臘月二十四，俗曰小年。重祀灶，家家食歡喜團、棗子、糖，取歡喜慶團圓早子祝螽斯也。[204]

所謂的祭灶用的糖是一種麥芽糖，黏性很大，冬天把它放在屋外，因為天氣嚴寒，糖瓜凝固得堅實而裡邊又有些微小的氣泡，吃起來脆甜香酥，別有風味。將糖塗在灶王爺嘴的四周，邊塗邊說：「好話多說，不好話別說」，這是用糖塞住灶王爺的嘴，讓他別說壞話。

除祭灶外，小年之時，江西民眾還喜歡在親戚之間互贈食

200 民國《贛縣新志稿》第十七章《社會・風俗》。
201 乾隆《德化縣志》卷三《方輿志・風俗》。
202 光緒《崇義縣志》卷三《風俗》。
203 同治《上高縣志》卷四《風俗》。
204 同治《新建縣志》卷十五《風俗》。

物：

（金溪）二十五日謂之「小年」。親友以食物相饋遺，
謂之「送年」。各刲羊豕祭百神，謂之「還年福」。以清水、
肉汁各一個甌，列祭品，即古玄酒太羹之意。[205]

（樂平）臘月二十四日……歲除前數日，各以雞肉果餌
相饋，謂之饋歲……是夕，蒸飯兼數日之炊，名隔年陳……
長幼團坐歡飲，爆竹之聲響應山谷，有坐至達旦者，謂之守
歲。[206]

（五）除夕

別舊歲，迎新年。江西民眾，在臘月就開始準備新年之食。
「吃過臘八飯，就把年來辦」，說的就是這個。在贛州，鄉民有
在臘月裡醃製肉類的傳統習俗，醃製的肉類稱之為臘貨，主要是
在春節期間食用，但如果保管得好，則存放到端午節前後仍可食
用。所醃製的臘貨有豬肉、牛肉、香腸、豬內臟、狗肉、雞、
鴨、魚以及一些野生動物如麂肉、山牛肉等，多達數十種。臘貨
除香腸外，其餘的醃製方法都基本相同，就是把要醃臘的物品用
食鹽醃製後（有一些品種加醬油、甘草、香料等，在太陽下曬上
多日即成。春節期間，將醃製好的臘貨上籠蒸熟後切成薄片、盛

205　同治《金溪縣志》卷四《風土》。
206　同治《樂平縣志》卷一《地理志·風俗》。

第六章·飲食民俗

裝在「九龍盤」內待客，是下酒的絕好佐菜，且由於品種不同而各具風味，細細咀嚼，其味無窮。一戶人家的臘貨多少，是該戶人家收入是否殷實的標誌。所以，每當進入冬季以後，贛州的大街小巷以及城外的村莊，家家戶戶都掛滿了臘貨，誰家也不甘落後。近年來，隨著生活水平的提高，家家戶戶醃製臘貨的勢頭有增無減。[207]有的地方從冬至日就已經開始準備，有切米糕。進入臘月，各地忙著切米糕。二十五日後，家家戶戶陸續開切，富庶之家多達幾百斤，貧者不論多少，也切幾斤，切糖有的要請師傅。煎「糖油」，必用「冬水」。若切時節氣尚為冬天，若已過立春，所用之水，必須在立春前一日取來藏好的「冬水」。切糖時，最忌說「風」字，否則糖就酥化，切不成條塊。糖油原料為砂糖和麥芽糖，「米花」則是米、花生、芝麻等。米糖，吃之酥脆，其味香甜，是農家過年必備的茶點。

> （安義）歲終，自二十三四日起，各以祖先設盛饌合家宴飲，曰過年。[208]
>
> （餘干）臘月，製水酒，謂「年酒」，凍米，謂米花；菽麥、苦株、櫟子，鄉里俱制為腐。歲暮宰豬，曰「年豬」，醃以待用。[209]

---

207 萬建中、劉筱蓉：《贛江流域的民俗與旅遊》，第 133 頁。
208 同治《安義縣志》卷一《地理志・風俗》。
209 同治《餘干縣志》卷二《輿地志二・風俗》，同治十一年刻本。

（崇義）各家輒釀臘肉、臘鴨、臘雜（豬雜、雞鴨雜等）、臘魚等，為新年待客及平時之需，並備有油炸果子，如老鼠骨、雲片（揚眉、龍勾一帶，雲片果子，裡面藏著各種彩色的旗幟、狗牙、囍字、壽字等，甚為巧妙）、蕩皮、蒸飯、炒米、麻棗、芋鹵芋頭片、姜糖、花生等，為侑酒之需。[210]

（上饒）臘月各家釀酒備新歲賓祭。[211]

（上高）年終，親友互相饋遺曰送年，母家以果餅之類遺女家謂之還年。[212]

真正到了除夕之夜，家家戶戶必吃「年夜飯」，這是最重要的節日活動。吃年夜飯有兩個特點：一是全家務必聚齊，體現團圓之意，若尚有家人在外，未能趕到，則放上筷子，酒杯，杯中斟滿酒，以示同餐。有些地方吃年夜飯，給狗餵酒餵飯，讓其酒醉飯足，呼呼安睡，以免狂吠亂叫，嚇壞來家送福之神，保得「春滿乾坤福滿門」。二是飯食豐盛，種類繁多。炒年糕、紅燒魚、炒米飯、八寶飯、煮糊羹是必不可少的。每種食品都有象徵含義，如炒年糕寓意年年高升，紅燒魚表示年年有餘，炒米飯表示糧食豐收，稻米成串，八寶飯表示八寶進財，煮糊羹寓意年年

210 光緒《崇義縣志》卷三《風俗》。
211 同治《廣信府志》卷二《地理·風俗》。
212 同治《上高縣志》卷四《風俗》。

富裕。至於菜餚，在南昌地區，一般十多道菜，講究四冷、四熱、八大菜、兩個湯。親友之間，依然流行互送年節食品，傳達濃濃的親情之意。

（崇義）除夕……合老幼圍爐宴酒，謂之團歲。[213]

（樂平）除夕，祀神並先祖，謂之送歲。聚家人飲食，謂之團年……先期預備品物為新歲之用，煮米為秤，新歲復蒸而飯之。[214]

（遂川）除夕……午餐盛饌，供祖先神祇，合家齊集舉筷，曰團年飯。夜則圍爐聚飲，或竟夜坐，曰守歲。[215]

（崇仁）除夕，設肴饌，家人父子相聚飲，曰「團年」。蒸紅米飯，備新正三日炊，曰「歲飯」。[216]

（南城）除夕……歲糕歲飯、紅酒牲肴祀先祖、五祀。晚，具酒饌聚食，謂之「團歲」……戚友以糕豚酒肴相遺，謂之「饋歲」。[217]

（宜春）除夕，守歲，飲屠蘇酒，放爆竹，擊鼓鳴鑼，以待雞鳴，曰迎歲。[218]

（廣昌）除夕，張鼓樂，設盛饌，燒燭圍爐、團聚歡

213　光緒《崇義縣志》卷三《風俗》。
214　同治《樂平縣志》卷一《地理志·風俗》。
215　同治《遂川縣志》卷五《政事志·風俗》。
216　道光《崇仁縣志》卷二《疆域志·風俗》，道光元年刻本。
217　同治《南城縣志》卷一之四《風俗》。
218　康熙《宜春縣志》卷十二《風俗》。

飲，坐夜分為守歲。[219]

在安義，除夕當晚，還有飲茶之俗，「守歲聚飲，取紅棗、蓮子、天門冬煎之當茶，謂之『洪福齊天』」。[220]除此之外，還有吃「潽羹」之說，即由薯粉、雞雜、肉丁、荸薺丁、花生丁、豆干丁煮製而成。[221]希冀全家人都得到上天的福佑。當然，除夕之夜，全家團聚在一起，吃過年夜飯，點起蠟燭或油燈，圍坐爐旁閒聊，等著辭舊迎新的時刻，通宵守夜，象徵著把一切邪瘟病疫照跑驅走，期待著新的一年吉祥如意。

婺源人對除夕之夜的飲食特為講究，其中最為有趣的當屬吃年湯。

究其所謂年事者，第一件為飲食問題，其次則衣著。飲食如豬雞牛羊花生糖果等類，隨地而殊，唯婺源之吃年湯最為有趣。……婺源人於坐年之夕有吃年湯之俗。當夕焚香祀祖後，家人齊集廚房內，各揎拳挈袖，有調粉者，有切菜者，有刷鍋者，有洗碗盞者，俟一切齊備，共至廳前談笑片時。俟至夜約十一點鐘時，將備就之豬頭放入鍋中，加湯煮之。煮熟後，用鐵鏟撈起，放入他器中，再將所調之粉攪入

219 同治《廣昌縣志》卷一《風俗志》。
220 同治《安義縣志》卷一《地理志・風俗》。
221 《安義縣志》卷三十二《風俗、宗教》第一章《風俗》第五節，時節，南海出版公司一九九〇年版。

豬頭湯中，更加入肉丁、冬筍丁、香料等，使成糊狀，然後盛之以碗盞，合家團集而食，其味異常鮮美。又將煮熟之豬頭切成薄片，和年湯吃，愈吃得多愈好。故四碗五碗，亦不嫌其多。然油膩過重，往往染成腹瀉之疾。小兒貪其味之鮮美，尤易多食，不可不慎也。[222]

　　贛鄱大地，不同的節日有不同的飲食風俗，「清明前醃芥菜為齏，蒸曬成為浸菜，暑月炆肉，經宿不變味。端午節家製糯米粽，中秋節以月餅相饋。平時三餐中，多食糙米飯與蔬菜，逢年節才購魚肉。其在二三月間吃艾米果，立夏節日吃雞蛋和田螺，端午節吃粽子，中元節吃葉子米果，九月重陽吃薯圓，過年吃黃米果和蒸籠米果等，又屬應時茶點食品類矣」。[223]這些食物不一定是美味佳肴，但卻含有一些特定的意義，其一體現出了江西鮮明的農耕文化特色。農耕文化是江西民俗文化的主體結構。江西的歲時習俗，是農業、文明的伴生物。節期選擇本身便是農業社會生產、生活規律的一種特殊表現形式。與春種、夏鋤、秋收、冬藏的生產性節律相應，民間節日中，也就有了春祈、秋報、夏伏、冬臘的歲時性生活節律。其二體現出了江西濃厚的倫理觀念與人情味。中國是一個貴人倫、重親情的國度。傳統節日中的諸多禮俗，在江西也深刻地體現了這一特點。歲節祭祖，幾乎是所

222　《婺源度歲風俗談》，胡樸安：《中國全國風俗志》下編，第274頁。
223　光緒《崇義縣志》卷三《風俗》。

有節日不可或缺的內容。年節、元宵等節，人們通過各種節日祝祭活動，表達後輩的孝思與追念。

　　總之，民眾將一些美味佳肴留待歲時年節時享用，一是用以充實節日飲食文化活動內容；二是為了調節和改善人們日常較為單調、貧乏的飲食生活習俗，因此他們的節日飲食豐富多彩，亦是民間烹飪技術水平的集中展現。這些歲時節日的食俗，寄託的是人們的精神需求。民眾在諸多的歲時節日活動中享受大自然的恩賜，喜嘗收穫的果實，聯絡彼此的感情，抒發美好的情懷，修養自己的體魄。

第三節 ▶ 宴飲食俗

　　飲食不僅僅是吃飯，還包括飲品，即茶與酒，而且，飲茶與飲酒已經成為中國食俗重要的一部分。在江西地區，有「無酒不成宴」的規則，酒成為宴會上必備品，使得宴飲禮儀也顯得更為重要，更為講究。因而，酒宴習俗變得更加豐富多樣，寓娛樂享受與儒家倫理道德為一體，彰顯出江西宴飲食俗的悠久歷史與無限魅力。下面將從三個方面介紹宴飲食俗，即飲茶習俗、飲酒習俗和宴會習俗。

一、飲茶習俗

　　「不喝茶還能成為中國人？」梁實秋曾經在《雅舍懷舊‧憶故知》中發出如此的感嘆，說明茶是中國傳統社會中最普遍的日常飲品，堪稱是中國的國飲，它與咖啡、可可一起，被稱為世界

三大飲料。[224]唐代陸羽《茶經》的問世，成為了當時世界上第一部茶學專著，系統地介紹當時中國茶的採造和煮飲方法，總結並且推廣迄唐中期為止中國先進的造茶工藝。殊不知，《茶經》是陸羽久居江西長期品茶之後而著的[225]，因而彰顯出江西的茶俗情趣豐富，顯現出江西民眾生活的自然真趣和淡雅情愫。茶俗是中國民間風俗的一種，它是中華民族傳統文化的積澱，也是人們心態的折射，它以茶事活動為中心貫穿於人們的生活中，並且在傳統的基礎上不斷演變，成為人們文化生活的一部分，它內容豐富，各呈風采。就江西飲茶習俗而言，自古以來就有以茶待客、以茶會友、以茶聯誼等形式。在江西的農村較為普遍的茶俗便是「客來敬茶」，「一杯香茗暫留客」，表達了江西人對客人的問候和敬意，體現了江西人重情好客的美德和傳統禮節。

（一）江西茶葉之生產

　　江西產茶的歷史約可追溯到東漢（25-200），根據《廬山志》記載，東漢時，廬山僧侶劈岩削谷，取諸崖壁間栽種茶樹，焙製茶葉。[226]在唐代，江西浮梁、婺源一帶是茶葉的主要生產區。著名詩人白居易曾在《琵琶行》中寫道：「商人重利輕別離，前月

224 陳波主編：《中國飲食文化》，電子工業出版社二〇一〇年版，第9頁。

225 周文英等：《江西文化》，第275頁。

226 余悅、吳麗躍主編：《江西民俗文化敘論》，光明日報出版社一九九五年版，第212頁。

浮梁買茶去」，從側面反映了當時浮梁縣茶葉的貿易狀況，當時浮梁縣「每歲出茶七百萬馱，稅十五萬餘貫」[227]。至近代，當地茶葉生產和貿易依舊盛行，在全國的貿易市場上還具有較高的聲譽：

> 據最近調查，本省茶產可以修水、永寧、浮梁、鉛山、德興為代表區，修水、武寧一帶統以寧紅著稱，盛時全年產額達二十余萬箱，每箱約五十斤，合十餘萬擔。
>
> 江西茶葉盛時，八十一縣除少數三十縣左右外，俱處無茶，一般農民亦多以茶為副業，競植於田畔道左。[228]

江西茶葉的採摘，十分講究季節氣候的。江西的茶葉，最以春茶為貴。「至三月清明前後，始吐芽，山人無論老少入山採其芽，揉作焙炒⋯⋯今唯桐木山出者，葉細而味甜，然土人多不善制，終不如式。」[229]清明、穀雨時的新茶，「前三天是寶，後三天是草」，「清明茶葉是個寶，立夏過後茶粗老，穀雨茶葉剛剛好」，「清明早，立夏遲，穀雨前後最適時」，「明前茶葉是貢品，穀雨仙茶為上等，立夏茶葉是下等」、「立夏茶葉夜夜老，小滿

227 （唐）李吉甫：《元和郡縣圖志》卷二十八《江南道四·饒州·浮梁縣》，賀次君點校，中華書局一九八三年版。

228 《江西之茶》，《江西省政府經濟委員會叢刊》第四種，民國二十三年（1934）版。

229 同治《鉛山縣志》卷五《地理志·物產》。

過後茶變草」。[230]這些採茶諺語，都是通過眾多的實踐而總結出來的，對於茶葉的採摘來說，真可謂是一天一個鮮嫩，一天一個金貴，一天一個價碼。當然，春茶採摘，一看茶樹長勢，陽面暖坡，早逢春氣，芽頭俏皮地鑽出了綠色蓬面，嫩得鮮亮，綠得流油，或一葉一芯，或二葉一芯，槍槍旗旗、羞羞怯怯地搖擺於微微的春風之中，看得種茶的農人們喜不自禁。二是看茶山天候，風和日麗，潤露無珠，葉片清爽地沐浴著朝日，蘊著靈氣，泛著亮光，或叢叢朵朵或豎豎橫橫，無風無雨，聲息相映地覆蓋於起伏的山巒之上。這便是春季採摘最佳時機。

因採製時間不同而異其類，如凌露而採，出膏者光，含膏者縐，宿制者黑，日成者黃，蚤（早）取為茶，晚取為茗；紫者上，綠者次；三月清明前採筍，為上者；清明後採芽為二春，四月以後採葉，則不入茶經。紫者當係茶芽制嫩者，至綠者則茶已長成，質料較粗；上春即今所稱頭幫茶，亦稱頭春茶，或簡稱頭茶。二春即二幫茶，亦稱二春茶，或稱子茶。四月以後所采，時間當在穀雨後一日左右，即今三幫茶，亦稱三春茶，或稱禾花茶。[231]

---

230 余悅、吳麗躍主編：《江西民俗文化敘論》，第 214 頁。

231 《江西之茶》，《江西省政府經濟委員會叢刊》第四種，民國二十三年（1934）版。

江西茶葉較之全國來說，比較特別，往往因地制宜地種植茶葉，採摘茶葉。如贛南因山多田少，土壤適宜種茶，「茶，木堅而葉厚，青翠茂密，凌冬不凋」[232]，同時，江西茶葉的製作方法，也是各具特色的。武寧就是一個鮮明的例子。

（武寧）北鄉以苟和茶，南鄉以蕨為粉。蕨粉行四方，苟之用唯興國、瑞昌及本邑村落而已。茗之性寒，苟之性散，皆有明文。土人二物並服，老者壽□康寧，少者強壯自若，未嘗見有毫發之損，或地氣相宜，抑亦臟腑相習。本草諸書時有不驗也。

寧人嗜茶，就地爐且烹且飲。其制：取六七尺竹，屈其顛而洞其中，顛懸桁上，末注爐間，中斜系木。燕尾長尺許，鑿孔以納梃，上穿竹而下垂鉤，可懸鐵鑊上，伸縮上下，視火盛衰、水之生熟為度。鑊有耳，耳受高環，環掛於鉤上，沸則撤鑊之蓋。環必高者，便於蓋也。凡嫁女用鑊，以備房中用也。房中有爐有鑊，武寧鄉市皆然。

寧人喜地爐，燒榾柮，兒女團坐，烹茶溫酒，煨麥果芋粟，火炎炎四達，日夜不輟。山中斷斗大木燃之，火尤盛。[233]

茶，邑所產伊洞瓜源果子洞擅名，然皆遜於象牙洞。細

232 道光《龍南縣志》卷二《物產》，道光四年刊本。
233 同治《武寧縣志》卷八《風俗》。

者有白毛，狀如銀須雪爪玉鉤。清明摘焙烹，溪澗水注之，色碧味雋潤喉舌，飲後令人爽，葉甘脆細嚼亦清水，邑人喜。所產僅足供用。[234]

就地而爐，邊烹邊飲，聊暢人生樂事，真是不亦樂乎！除去武寧之茶，江西其他地方也因地制宜種茶。

（南昌、修水）《茶譜》：洪州西山白露嶺茶，號為絕品。今紫清香城者為最。又西山有羅漢茶，葉如豆苗，因靈觀尊者，自西山持至，故名。又《茶事雜錄》云：雙井在寧州西三十裡，黃山谷所居也，其南溪心有二井，土人汲以造茶，為草茶第一山谷。[235]

（贛縣）茶，山阜、園地皆產，唯山高而土黃，得清虛之氣多者為貴。贛之儲茶，儲茶出自儲山，曰大園茶，香味最佳，昔嘗入貢。所產無多，人不易致。各鄉亦有藝茶為業者。[236]

（二）江西茶葉之名品

江西盛產名茶，主要有紅茶和綠茶。江西的茶葉，以紅茶為

234　同治《武寧縣志》卷九《物產》。
235　同治《南昌府志》卷八《地理·特產》。
236　同治《贛縣志》卷九《地理志·物產》。

大宗，產於修水、武寧、銅鼓者，稱為「寧紅」，鉛山、上饒等處之紅茶，稱為「河紅」，浮梁與安徽省祁門所產紅茶，稱為「祁紅」。除紅茶之外，還有就是綠茶，以其葉質柔軟細嫩而著稱。「紅茶與綠茶的製作，各有其程序系統，其關鍵區別是紅茶在製作過程中經過炒熱發酵後再脫水，而綠茶則可在炒熱揉製後直接脫水。」[237]

　　茶產名稱各地不一，修水、武寧有毛尖雙熏、雨前茶珠、雨前嫩尖、貢毫及功夫茶；玉山有鳳眉針眉及麻珠；會昌有芽茶；清江、東鄉有毛尖；宜豐有綠款茶；末如東鄉乾坑茶、南康東門茶、泰和蜀口茶；興國紫背岡茶、黃瓊茶及南坑茶，則純以產地為名，與種類固無大別。按茶葉之纖長者普通即稱為「眉」，眉可依粗細飾為針眉、鳳眉、鵝眉及眉雨；茶葉形圓者稱為「珠」，珠復可依大小而分為寶珠、麻珠、口目及貢珠；介於長圓之間者稱貢熙，質輕者稱副熙；雨前形纖，於穀雨前摘製，貢毫當係高莊白毫，功夫茶以製造費時命名，同屬紅茶一類。[238]

　　婺源綠茶。「婺綠」是中國綠茶中的珍品。它以色碧天然，

237 周文英等：《江西文化》，第 276 頁。
238 《江西之茶》，《江西省政府經濟委員會叢刊》第四種，民國二十三年（1934）版。

香味濃郁，葉清厚潤的特點馳名中外。早在唐代，茶祖陸羽在《茶經》中，就有「歙州茶生婺源山谷」的記載。《宋史·食貨》將婺源的謝源茶，列為全國六種絕品茶之一。明清兩朝，婺綠被列為貢品，並御賜金牌。婺綠種類繁多，其大多為高檔產品，著名有茗眉、奇峰、天香雲翠、川太雀舌、佩天雲峰等均獲商業部和省優質名獎。山江牌婺綠特珍特級、特珍一級獲國家銀質獎，川太雀舌等五個產品被評為省傳統名茶。婺綠茶園均在峰巒起伏的山區，那裡氣候溫和，土壤肥沃，適應婺綠的生長。婺源縣現有茶園十五點二萬畝，年產量八萬擔，是中國重點主要外銷茶葉生產基地之一。[239]王鐘音在《贊茗眉、奇峰》一詩中將婺綠的名優特點表露得十分完美：

春風乍起催新芽，筍槍才抽滿枝椏。
名從雄芽細選楠，精炒細烘製作佳。
蒸嫩挺秀茸毫密，蒼潤透翠人愛煞。
湯味鮮美澄碧碧，醇厚四甘暢胸懷。
甘露醍醐未曾啜，先有滾香撲鼻來。
千山采來誠非易，芳茗一斤四萬芽。
賦質優異貴難得，稀世極品人爭誇。[240]

239 萬建中、劉筱蓉：《贛江流域的民俗與旅遊》，第42頁。
240 王鐘音：《贊茗眉、奇峰》，《婺源文史資料》第一輯，一九八六年，第38頁。

寧茶。「李唐之後，江西之人皆嗜茶，而武寧獨盛。」武寧的茶類很多，有紅茶、菊花茶、芎香茶、芝麻豆子茶、棗餅茶、米泡茶等。清代玉米、甘薯種植以後，又有玉蘆茶、薯砣茶。寧紅茶全縣皆產，特別暢銷，因其香氣持久、滋味醇厚而馳名中外。

廬山雲霧茶。名山名水出名茶，蘊雲蓄霧育精華。廬山雲霧茶以其讓人豎指稱絕的六大特點位列優質名茶之中，這「六絕」是：條索精壯、青翠多毫、湯色明亮、葉嫩勻齊、香凜持久、醇厚味甘。廬山雲霧茶芳香可人，以山中泉水煎泡更是「鮮馥不可名」，餘味綿長。據張又新《煎茶水記》云，陸羽嘗與劉秀卿論及水之品位分為二十等。廬山康王谷水、招賢寺下方橋潭水和龍池山頂水在其中，康王谷水更是被稱為天下第一泉。傳說陸羽用一把小小泥瓦壺，裝來康王谷潔淨的泉水，點起松枝火，輕颭小蕉扇，用不文不武的陰陽火，慢慢地燒開了一壺水。他又取出一小撮雀舌似的雲霧茶葉，沸水注入茶盅，隨手蓋上蓋子。片刻，當他揭開蓋子時，茶盅口上凝聚了一層茶霧，沿著盅口繚繞，久久不散。飲上一口，如飲醍醐，醇香直通肺腑，滿口留香。細視盅內，片片嫩茶似旗槍，在水中緩緩降升，美妙異常。經色、香、味、形的鑑賞，陸羽不禁撫掌大笑「此天下之奇茶也」[241]。唐代詩人白居易喝了廬山雲霧茶後，也情不自禁賦詩稱贊：「匡廬雲霧窟，雲蒸翠茶復。春來幽香似，岩泉蕊獨濃……無比此壺

241 萬建中、劉筱蓉：《贛江流域的民俗與旅遊》，第 206-207 頁。

中」，朱德元帥在盧山品茶時也曾經稱贊過，「盧山雲霧茶，味濃性潑辣，若得長時飲，延年益壽法」。[242]

修水寧紅茶。該茶外形條索緊結圓直，鋒苗挺拔，略顯紅筋，色烏略紅光潤；內質香高持久似祁紅，滋味醇厚甜和，湯色紅亮，葉底紅勻。寧紅以其獨特的風格，優良的品質而馳名中外。主要暢銷歐洲，成為中國主要名茶之一。據史料記載，修水有千餘年的產茶歷史。後唐清泰二年（935），毛文錫所著《茶譜》載：「洪城雙井白芽，製作極精」。至兩宋，更蜚聲國內。北宋黃庶、黃庭堅父子將家鄉精製「雙井茶」推賞京師，贈京師名士蘇東坡等，一時名動京華。歐陽修《歸田錄》譽為「草茶第一」。南宋嘉泰四年（1204），隆興知府韓邈奏曰：「隆興府唯分寧產茶，他縣無茶」。當時年產茶二百餘萬斤，「雙井」、「黃龍」等茶皆稱絕品。

修水菊花茶。「菊花茶」是修水當地茶之通稱，此茶有著非常鮮明的地方特色。其最顯著之處便是茶葉並非唯一的，也不是主要的用料。菊花茶下茶用料多種多樣，各區鄉因地域和飲用習慣的不同又有所差異，但茶料一般都有菊花、黃豆、芝麻三樣，而菊花則是必不可少。因而人們習慣將當地所飲之茶統稱為「菊花茶」。[243]

遂川狗牯腦茶。遂川茶葉自古為世人注目，文獻記載頗多。

---

242 周文英等：《江西文化》，第 275 頁。
243 張軒主編：《九江市風俗志》，第 62-63 頁。

清末的《江西物產總匯說明書》、《吉安府志》、《龍泉縣志》記載了遂川茶葉的生產情況。遂川茶葉還常出現在古人的筆下，被名人所盛讚。北宋大文豪蘇東坡曾駐足遂川，他在《宿資福院》詩中寫道：「衣染爐煙金漏迥，茶烹石鼎玉蟾留。」蘇東坡嗜茶，詠茶詩作不少，遂川佳茗撫慰了這位大文豪宦海沉浮的心靈康楚，洗卻了他南貶旅途的疲憊，「茶烹石鼎」的稚趣，使他發出了「封事未投聖主意，長安此夕亦多愁」的感嘆。

> （遂川）吉安府龍泉縣匡山有苦茶，匡山的四面峭壁，其下多白雲，上多北風，植物味甘苦。野蜂巢其間，採花蕊作蜜，味亦苦。其茶苦於常茶。[244]

以上是清代崇安知縣陸廷粲在《續茶經》一書之中對遂川狗牯腦茶的描寫。狗牯腦是吉安的三寶之一。狗牯腦茶歷史悠久，相傳明朝末年由當地茶農梁為鎰從南京攜帶種子回家種植。「始則面小而量少，視為珍品，歷來作為貢品供帝王享用」[245]。清朝嘉慶年間（1796）才以山地命名為「狗牯腦茶」，世代相傳。

顯而易見，崇安知縣陸廷粲對茶葉頗有研究，而且特別鐘情於這遂川狗牯腦茶，恰恰又從另外一個方面反映出遂川狗牯腦茶

244 文心木：《名人筆下的遂川茶葉》，《遂川文史資料（遂川風物）》第五輯，第5頁。
245 同治《遂川縣志》卷一《地理志・物產》。

的清涼芳香，獨特之處。狗牯腦外形獨特，品質優良，看上去緊結秀美，條索勻整纖細，色澤微露黛綠，表面覆蓋一層柔細軟嫩的白絨毫；經少量開水一沖泡，根根細條漸漸挺直，葉尖紛紛朝上，葉片緩緩舒展；湯色清亮，略呈金黃；呷一口，清涼芳醇，香甜沁心，回味悠長。狗牯腦茶還含有人體所需的多種氨基酸、咖啡鹼、微量元素、芳香物質，具有提神解乏、消食去膩、益肝利腎等功效。一九一五年榮獲美國舊金山舉行的巴拿馬太平洋國際博覽會金質獎章，一九三〇年獲贛浙特產聯合展覽會甲等獎，一九八二年評為江西八大名茶之一，一九八八年獲首屆中國食品博覽會金獎，一九八九年獲江西省優質產品稱號。[246]

景德鎮浮紅茶。景德鎮生產茶葉歷史悠久，而且浮紅茶產區山巒蜿蜒，流泉潺潺，雨量充沛，空氣濕潤，茶樹品種優良，加上製茶工藝精細，金毫顯露，烏黑油潤，香氣濃郁，滋味清鮮持久，湯色紅豔明亮等獨特風格，是出口「祁紅」茶的主要品種，在國際茶葉貿易市場上稱為茶中英豪。因其製作工藝精巧，已被列入非物質文化遺產保護，詳見本章第五節。

江西名茶除以上幾種外，還有鉛山紅茶、井岡山翠綠茶、大庾梅嶺毛尖茶、安遠九龍茶、宜豐盈科泉茶、豐城羅峰茶、上饒白眉茶等品種。[247]

---

246 曾家培：《傳統名茶狗牯腦》，《遂川文史資料（遂川風物）》第五輯，第 1-2 頁。

247 李國強、傅伯言主編：《贛文化通志》，江西教育出版社二〇〇四年版，第 620-622 頁。

（三）江西飲茶之習俗

　　江西不僅盛產名茶，而且對於喝茶的習俗也非常之講究，喜歡去茶樓喝茶。極具江西市民階層特色的茶樓一般都是一張八仙桌、四條長凳為一組擺設。桌上擺著油炸麻團、糖果、麻花等油性甜食，香軟脆口，是佐茶的佳品。每天上午七八點鐘的時候，茶客們便邀上幾個老友，從早泡到下午三四點鐘，甚至也有半夜才回家的。一壺茶，幾碟佐茶果子，大家圍成一桌，聊聊天，休閒休閒，有老伙計幾個商量兒女婚事，還有些專挑僻靜的座位洽談生意，所謂「生意不成人情在」，喝過茶就是朋友了。當然了，鄰里之間也有吵嘴鬥氣的時候，三五個好友街坊就一起出來聚聚消消氣。總之，茶館成了人們休閒、交友、洽談生意的輕鬆場所。

　　喝茶講究清茶細點，即以茶為主，佐以果餅。茶鋪前大都掛有黑底金色「茶」字招牌，門外書寫「清茶細點，一應俱全」。大茶鋪的爐灶一般在店堂中部，多的十個煙孔，同時用十把錫茶壺燒開水。由老板娘或老賬房掌管，普通茶葉是香片，如要龍井、毛尖等高級茶葉則另加費。跑堂的茶房往往有過硬的技巧。送茶時，一手提水壺，一手托茶盤，泡茶送點心一起上。泡茶時，一手揭開碗蓋，一手沖茶，一沖即准，一准即滿，不多不少，不會把開水滴在桌上。茶客坐泡第一次茶，叫做「泡頭碗」，一般三泡為度。茶客如果有事離座，把茶碗蓋翻個面蓋好，表示還要來飲茶。茶資低廉，適合平民需求，但茶鋪例規，實行早、午、晚三巡，即過了午飯、晚飯時間，需要重新計

價。[248]

　　至於款待朋友、親戚，上門首先奉上一杯清茶祝福對方。客至後，主人先端上半碗白開水供客人漱口用。接著主人擺上各種茶果，如乾紅薯片，花生、豆子、各類菜乾等。茶果上齊後，主人才將碗中的白開水倒掉，換上滾熱的茶。如果不上茶果，僅以茶水待客，是對客人的極不禮敬。敬茶之禮節，也相當重要。主人用雙手敬茶，客人用雙手接茶，並向主人致謝。斟茶時不宜過滿，否則是對客人的不尊重。添茶時，主人要一手提壺，一手據住壺蓋。客人要有禮貌，不管是否口渴，都要喝一點。在主人添茶時，客人要用食指和中指輕叩桌面以示感謝。如果不想再喝，就合上杯蓋。在告辭之前，要先把杯中的茶喝完，表示對茶的贊賞。主人泡茶，除了熱天可以泡冷茶和涼茶以外，其他時節都要泡熱茶，除了方便品茶以外，還有親切熱情的意思。以前鄉間沒有熱水瓶，茶壺都要放在稻草或棉絮裝備的「茶壺殼」裡，保持一定的熱度。如果沒有熱水泡茶，主人會立即停下手中工作，去燒水泡茶，絕不會簡慢客人的。如果有稀客或是正月裡到來的客人，在奉茶的同時，還要用托盤把「茶點」端給客人吃。茶點一般是自己家裡做的米花、糖豆、爆花糖、薯片等。

　　貴溪人稱喝茶叫「吃茶」，又叫辦茶，即必須像請酒一

248　梅聯華：《圖說南昌民俗》，江西美術出版社二〇〇八年版，第 22 頁。

樣，事先約好客人按時來家赴席，同事必須備辦數色可口的佐茶熟食。所謂辦茶，事實是以茶代酒，所請的大多是女客，故男主人往往不會插手。貴溪人請酒尚四大四小（即四大盤，四小碟），而貴溪農村辦茶亦講究佐菜食品大與小的數目。大盤有四盤，也有六盤八盤的，多係當地土產，忌葷菜，如各色菜梗、銀豆子、大豆、蓮藕、煎豆腐等，但其中必須要有一兩樣主食，如年糕、麵條、漂米果、麻餈，近年來也有用油條、包子、餃子的。小盤大都為豆子、花生、南瓜子或糕點。從以上情況看，可知貴溪人不叫喝茶而叫吃茶是有原因的。請客用的茶大都是家製，色澤、香味並不講究，所講究的倒是佐茶的熟食，如是否味美合口，是否其中有一兩色較為稀罕？是否經得起客人品評，這是主婦首先所關注的。貴溪人請酒有名目，辦茶也同樣有名目，這一次該請哪些客人，為什麼要請，都蘊藏著女主人真摯的情意。至親或鄰里的閨女要出嫁，在娘家的日子屈指可數，為表示惜別，左鄰右舍往往要請未來的新娘來家吃茶，這種茶叫出輀茶。生兒三朝，不請酒，土家必請人幫助打麻餈辦茶酬謝前來祝賀的親友鄰里。遇這種情況，客人最多，常是幾桌甚至十幾桌。[249]

249 黃詩詠：《貴溪農村的「辦茶」風習》，《鷹潭文史資料》第二輯，一九八九年，第181頁。

修水人以菊花茶待客，很有講究。一般說來，所泡之茶，要做到「上不見水，下不見底」，下茶茶料愈多，愈顯主人對客之尊重。「茶泡淺，酒斟滿」是修水人的地方規矩，當地俗云：「姨婆泡茶滿盅盅，大姑泡茶大半盅」（姨婆原指僕人、丫頭，這裡泛指不會做事的人；大姑，指有教養，懂規矩，會做事的人）。「客人到，女家忙」，為人泡茶，上茶均為主婦或閨女所為。替家人上茶有用手端、用木盤托兩種。來客只一、二人，上茶一般用手端，如果來客多，便用木盤托茶。上茶時，送茶人不能與客人正面相對，而要側身上前，同時「請」字當先。上完茶後，退時也不可背對客人，應該側身而退。送茶時，托盤可以無方向，但茶杯應該有方向，即杯的把手應朝向客人。用手端茶時，也不能捏住杯口，而要手托杯底，杯把向著客人。客人接茶時，也可放在桌子上，不可隨意放在地上或其他地方。[250]

修水人對菊花茶，既不是飲，也不是喝，而是「吃」。吃菊花茶也有講究，茶剛泡上來，要趁熱吃，因為黃豆、花生、芝麻等茶料都浮在水面上，此時吃下，可獲滿口香味。如果時間長了，黃豆等茶料泡軟沉入碗底。吃至將盡時，需晃動茶碗，將水和茶料一並吃下。初吃菊花茶者，往往茶水吃完，碗底仍留一堆茶料，這時，只須用手掌輕拍碗口，茶料便可全出。修水人不僅用菊花茶待人接客，每每在飯後或工作之餘都要吃上一大碗，因而當地有「飯後一根煙，賽過活神仙；飯後一碗茶，賽似神仙咯

250　張軒主編：《九江市風俗志》，第65頁。

爺」之說。菊花茶之於修水人，猶如大米，猶如油鹽，城鄉上下，家家必備，絕不可少。[251]

至於茶葉，各地又有區別。有地區之別，貧富之分。

（萬載）茶用大葉，皆崇鄉及宜春產。崇鄉味較佳。新年宴飲，幾無虛日，價亦倍之。比乃競尚武彝，僅得下品，慕虛名耳……大橋、改江等處多有茶葉，香味亦佳，而反以外來為貴，竊以為鄉土之觀念薄矣。[252]

（崇義）鄉居農家飲茶，多用粗茶，俗名「石壁茶」，間有飲用自己種製之茶者。至飲用陽嶺茶、龍歸茶者更鮮。[253]

（吉安）貧人多飲水，即有茶，其葉粗，蓋土產無佳品，若龍井、香片、珠蘭、毛尖、六峒、普洱皆來自他省，家非素封莫敢購也。[254]

在客家地區，待客的佐茶點心都是用酒釀浸泡過的或者用油煎的食物，口感極好，香甜苦酸辣五味俱全，味道獨特。一般有酒浸辣椒、蕎頭、蘿蔔、蒜腦，油煎過的玉米、黃豆、豆角、南

251 張軒主編：《九江市風俗志》，第 66 頁。
252 民國《萬載縣志》卷一《方輿·風俗》。
253 光緒《崇義縣志》卷三《風俗》。
254 民國《吉安縣志》卷四《風俗》。

瓜花，炒熟的花生、瓜子等。碟數為單，一般為五、七、九。[255]
對佐茶點心的數量是頗為講究的，若是老朋友相聚，一般只要兩
樣茶點，每樣二兩即可，意為倆相好，更為有趣的是，青年人談
對象，介紹人引薦雙方見面，也是常常到茶店中去，當然，茶資
歸男方支付，此時必須要六樣茶點，每樣六兩，意為「六六大
順」。

　　當然，江西民間，無論農家翁嫗，還是茶鄉村姑，都有自己
古樸清麗、多姿多彩的茶藝和茶道，茶俗十分豐富，而且各個地
區各具特色。在贛南地區，客家人喜歡喝擂茶。煮擂茶必備的兩
件工具：一是擂缽，一是擂槌。擂缽是一種碗狀陶器，裡層滿布
網狀溝紋，擂槌則是一根質地堅硬的木棒，將茶葉及配料置缽
中，用木棒不停搗碾。「擂茶」的茶料一般是茶葉、薑米、芝
麻、花生米等，有的還加上蓮子、桂花、栗子、杏仁、醋等。根
據喝茶季節和對象的不同，茶料也有所變換。春夏濕熱，常添加
艾葉、薄荷葉等，秋季乾燥，多添加菊花、金銀花，冬季寒冷，
便加辣椒、桂圓等。女人坐月子喝的擂茶又往往加入生芝麻、紅
糖，以暖補和催奶。贛南農村至今流行著擂茶這種傳統的別具情
趣的採茶方式，先將茶料置入內壁布滿輻射狀溝紋的擂缽，坐著
用雙腿夾住擂缽，雙手握住長約尺許的梓木棍，頻頻擂轉，將茶
料擂成醬泥狀的茶糕，然後沖入沸水，再撒些碎蔥，便成為通常

255　泉音：《客家茶俗》，《遂川文史資料（遂川風物）》第五輯，第88
　　頁。

飲用的擂茶。新鮮的擂茶呈雞湯色，湯鮮味美，香氣撲鼻。贛南人好客，煮擂茶必定用大容器盛了端出，任憑客人開懷暢飲。

但興國仍有其獨特的飲用擂茶習慣，平時是午間的一次加餐，招待賓客則是「把盞之後」的飲品，這也表現了民間的熱情好客。除贛南外，撫州府、吉安府亦飲擂茶。

> （興國）平時賓客偶至，必呼酒留飲，佐以果盒，曰把盞……把盞之後，繼以擂茶。搗茶葉為末，加芝麻、油鹽及姜，瀹而羹之，陳列果品，再三勸進。女客至，尤尚此。農工力作，午間亦設以相勞，皆習俗之近厚者。[256]

贛南農村幾乎家家婦女會煮擂茶。每逢婚嫁、添丁、孩子滿月或過生日等喜慶日子或農忙時節，擂茶配以米果常作為早餐和午餐之間的一頓牙祭。可以說沒有人不喜歡吃的。一家煮茶百家香，就是指這種擂茶。它不僅清香可口，四季皆宜，而且有止渴生津，健胃提神，疏肝理肺和治療感冒之功能，過去贛南農村缺醫少藥，有點小毛病往往就靠擂茶消病止痛。因而贛南農民對擂茶是有深厚感情的。他們視之為飲料中的佳品，不僅用來敬祖、待客、歡度喜慶，而且也是家人常喝常飲，豐富生活的家風美俗。[257]

256 同治《興國縣志》卷十一《風俗》，同治十一年刊本。
257 萬建中、劉筱蓉：《贛江流域的民俗與旅遊》，第150頁。

江西有些地方喝茶，還有另外一個特點就是喜歡咀嚼茶葉，如胡樸安曾詳細介紹萍鄉人咀嚼茶葉之習俗：

> 中國各地之人皆喜歡飲茶，不獨萍地為然，似不必贅敘。然萍人飲茶，與他地不同，其敬客皆進以新泡之茶，飲畢，復並茶葉嚼食。苦力人食茶更甚，用大碗泡茶，每次用茶葉半兩，飲時並葉吞食下咽。此種飲茶習慣，恐他地未之有也。[258]

學者楊蔭深在《事實掌故叢談》中也寫道：

> 飲茶是飲茶汁，自古以來，該沒有將茶葉也吃進去的，唯有現今江西萍鄉人，卻正如此。[259]

二、飲酒習俗

中國歷代社會中飲酒風氣都非常盛行，酒已滲透到社會生活中的許多方面，成為人們日常生活中不可缺少的飲品。它不僅滲透著中華民族的性格、情趣和精神寄託，運載著中國傳統文化的全部精神，還激發了文人學士的情思和靈感，寫下了無數有關酒

258　《萍鄉人食物之習性》，胡樸安：《中華全國風俗志》下編，第 300-301 頁。

259　轉引自余悅《江西民俗文化敘論》，第 223 頁。

的詩文，成為飲食風俗中文化意蘊最豐富的一個類別。江西居民自古代就與酒結下了不解之緣，日常生活中的吉凶禍福、婚喪嫁娶，祭祀宴請、喜慶佳節都未離開過酒。

（一）江西酒的種類及製作

江西古代酒的種類很多，自唐至清大體可劃分為黃酒和燒酒兩大類型。黃酒以粳米、糯米等穀物為原料，經過蒸煮、糖化和發酵釀製而成。江西黃酒名稱不一。按顏色命名的有紅酒和白酒。白酒，俗稱白干，燒酒，透明無色的各種蒸餾酒的總稱，酒的一種。關於中國白酒的起源，文獻記載，其說法不一。一九七五年於今河北青龍縣出土的一套銅製燒（蒸）的酒鍋，經有關部門進行蒸酒試驗和鑑定，確認為金代（1115-1234）遺物，其鑄造年代最晚不遲於金世宗（完顏雍）大定年間（相當於南宋高宗紹興三十一年至孝宗淳熙十六年，即 1161-1189 年）。白酒生產至今已有八百餘年曆史。又根據李時珍《本草綱目》提供的材料證明，最遲可追溯到元代。經過後來數百年的發展演進，其產銷數量已在中國飲料中占第一位，為中國漢族和許多少數民族人們節日、飲宴和日常所喜愛的一種飲料。[260]

按釀造時間命名的有老酒、春酒、年酒、時酒、新酒、雪酒、伏酒、臘酒、清明酒、棗兒紅酒和梨花白酒；按配料命名的

---

260 葉大兵、烏丙安主編：《中國風俗辭典》，上海辭書出版社一九九〇年版，第 383 頁。

有菊花酒、椒花酒、菖蒲酒和竹葉青酒；按原料命名的有高粱酒、麥酒、雄黃酒和番薯酒；按地名命名的有宜春酒、麻姑酒、泰和酒和丁坊酒；按釀造方法命名的有蜜酒、甕酒、陳糟酒和郁糟酒。燒酒主要以稻穀、高粱和麥子等為原料蒸餾而成。江西燒酒出現於蒙元，明清時期得到迅速發展，主要種類有米燒、雜糧燒、黏米燒、薏仁米燒、高粱燒和火酒等。

（南昌）酒，上南昌以燒，下南昌以釀。燒用穀、麥、高粱，用蕎麥燒者，色碧。釀用糯米。燒者清而烈，釀者濁而醇。燒曰燒酒，棗兒紅酒，出丁坊，一曰丁坊酒，井泉甘冽釀佳故名。十月釀者，色紅，曰十月紅，俗以清明重陽日釀酒，取醅與糟貯於甕，以泥封之，久而開甕者，色益濃。[261]

（南昌）蘆粟，亦曰高粱，春種秋收，莖高丈許，狀似蘆荻，而內實。穗大如帚，粒大如椒。紅黑色。米性堅實，黃赤色黏者可和糯米作酒。[262]

（龍南）酒有雙料水酒，味最薄，取酒汁者曰蜜酒，味厚而醇，有黏米燒，又有薏仁米燒，俱色白，至高粱燒則鄉人偶為之。[263]

261　民國《南昌縣志》卷五十六《風土志》。
262　民國《南昌縣志》卷五十六《風土志》。
263　光緒《龍南縣志》卷二《地理志‧物產》。

（安遠）唯酒，氣味清香，其價又廉，不時需之。[264]

（安遠）有老酒、吉祥酒、家常用之。百花酒、窖酒，味濃而香，盛饌則設。唯冬酒及家藏者尤美，富家多釀之，非市肆可酤。燒酒則不甚尚。[265]

（於都）為日暫而水多者，曰時酒；為日久而水少者，曰老酒；即沛之而封其糟，復下水以沛者，曰陳糟酒；即沛之糟用甑蒸之，取其氣水之滴瀝以為酒者，曰燒酒；冬至前後以麴下米，待其米盡化為液，入以燒酒，不用水者，曰蜜酒。甘香味醇，適口易醉，歷年多者更佳。老酒可甲於諸邑，蜜酒可媲於越釀，誠不誣也。[266]

江西的酒，大多是依據本地的物產，自己家釀製而成，而且釀製技術高超。贛南客家人傳統的酒主要是米酒和穀燒兩種，其他酒都是這兩種酒派生出來的，如蜜酒、冬酒、伏酒及各種藥酒。米酒俗稱水酒，也是家庭自制的酒，原料是糯米。穀燒俗稱燒酒，原料是秈稻或粳稻。江西早期的穀酒，流傳於農村。通常在稻穀收獲季節，一批個體酒師肩挑蒸餾器，走村串戶為農民加工穀酒。近年來，由於商品經濟的發展，逐步定點設廠，形成企業化生產。穀酒因價廉質優，深受廣大城鄉消費者的喜愛。產量

264　同治《安遠縣志》卷一《地理志·風俗》。
265　同治《安遠縣志》卷一《地理志·物產》。
266　同治《雩都縣志》卷五《土產》。

增長很快，據不完全統計，目前我省穀燒年產量達一萬噸左右。約占全省小曲白酒總產量的一半以上，以樂平、信豐、萬年為最，而工藝則以萬年獨具特色。

（餘干）農人喜蒸菜為食，家製燒酒，與汾酒埒。[267]

（星子）菜只園蔬，酒唯家釀。[268]

（崇義）平時飲酒，多用糯米水酒，唯新年後始用自釀陳酒，名曰「糟酒」。[269]

（萬載）飲食，糯米釀為水酒，清明至冬至釀者尤勝，釀醲者不亞紹興燒酒。用占谷釀，味特惡。[270]

（吉安）至於酒，則邑有冬釀，名噪湘鄂矣，顧邑人以其值廉，弗之尚。所尚者，曰紹酒，曰汾酒，價已不貲，乃猶有以為未足，進而採西來酒者，於是旨酒之耗資反數倍於佳肴。[271]

（分宜）酒係糯米釀造，近有販運碧黃、碧綠、白干之屬。[272]

（安義）農家多自釀糯米甜酒，每逢春耕插秧時節，拌

267 同治《餘干縣志》卷二《輿地志二‧風俗》。

268 同治《星子縣志》卷一《疆域志‧風俗》。

269 光緒《崇義縣志》卷三《風俗》。

270 民國《萬載縣志》卷一之三《方輿‧風俗》。。

271 民國《吉安縣志》卷四《風俗》。

272 民國《分宜縣志》卷十四《風俗志‧生活》。

以米花驅寒充飢，俗稱米花酒。[273]

（贛縣）酒，贛俗不釀燒酒，只以糯米釀酒，味極厚者，乃冬月所釀名曰老酒。陳久無灰者最美，四時所釀者名時酒，味薄，其糟亦可作燒酒，名米燒，較雜糧燒酒稍醇。[274]

總之，鄉民們充分利用物產資源，依托較好的釀酒技藝，自製自釀，自飲自樂，形成了其特有的飲酒習慣。近年來，雖然啤酒逐漸盛行，但如今的江西人，仍非常熱情好客，酒仍是人們交際、禮尚往來，宴請賓客的重要飲品。

（二）江西地方名酒

江西眾多的酒種當中，其中也不乏在全國比較出名的類別，茲列如下：

1. 宜春酒。是兩晉時出現的一種名酒，產於安成宜春縣（今江西宜春縣）。王隱《晉書·地道記》云：「宜春縣出美酒，隨歲貢上」；唐宋兩代仍是朝廷貢品，《新唐書·地理志》稱：袁州宜春縣「有宜春泉，釀酒入貢」；樂史《太平寰宇記》也說，「宜春酒酎隨歲舉上貢」。明清時期宜春酒受人喜愛，明人馮時

273 《安義縣志》卷三十二《風俗、宗教》第一章《風俗》第五節，時節，第 422 頁。

274 同治《贛縣志》卷九《地理志·物產》。

化《酒史》卷上《酒品》第五中列記全國十二種名酒，其中即有「宜春酒」。

2. 樟樹四特酒。四特酒以「亮似鑽石透如晶，芬芳撲鼻迷逗人，柔和醇甘無雜味，滋身清神類靈芝」四大特點而馳譽神州。樟樹市酒文化史可上溯到三千年前的殷商時代，南宋愛國詩人陸游在江西任官時曾詠嘆「名酒來清江，嫩色如新鵝」。

3. 南城麻姑酒。此酒產於江西南城縣，係用麻姑山優質糯米和麻姑山神功泉水釀製而成。唐代開始釀造，趙宋時始負盛名，《太平寰宇記》載：「麻姑酒，麻姑山取神功泉釀者佳」。明清二代更聲名遠揚。明人江西僉事田龍稱：「釀酒為泉羨神功，絕勝蘇醪細煮松」[275]，清代江西布政使參議施閏章贊麻姑酒「味比蔗漿色菊黃，佳者泠泠如白玉」[276]。

4. 九江陳年封缸酒。「綠蟻新醅酒，紅泥小火爐，晚來天欲雪，能飲一杯無。」這是唐代著名詩人白居易任江州（即九江）司馬時寫的一首吟酒詩，詩中的醅酒，就是陳年封缸酒的前身。[277]起源於一千多年前的唐元和年間，當時稱之為醅酒，是以優質糯米為原料，經發酵直接釀製的甜黃酒。宋代時，九江一帶

275　（明）田龍：《酌神功泉》，同治《重刊麻姑山志》卷十《詩·七絕》，同治五年刊本。

276　（清）施閏章：《游麻姑》，光緒《建昌府志》卷九《藝文志·賦詩·七言》，光緒五年刊本。

277　徐夏鑫：《九江陳年封缸酒》，《九江文史資料選輯》第一輯，一九八四年，第191頁；萬建中，劉筱蓉：《贛江流域的民俗與旅遊》，第231頁。

的酒業興旺，大街小巷，酒旗斜矗掛，酒客盈門。《水滸傳》中的宋江在江州潯陽樓喝的就是這種酒，喝得酩酊大醉，引出了題反詩、被逼上梁山一段有趣的故事來。這恰巧說明北宋時期，江州的綠醅酒的色清味美吸引不少天下名士。至明代，在製作中加進了封缸陳釀工藝，在醅酒中加壓糯米燒酒，長年陳釀，久貯不淀，才形成日臻完美的陳年封缸酒，使酒轉化成琥珀色澤，酒味香甜醇厚，獨具風格。

5. 泰和酒。此酒產於江西泰和縣，是明代出現的一種名酒。明唐伯元《泰和縣志》載：「邑有酒，名太和酒。」明筆記小說家顧起元在《客座贅語》中「計生平所賞」，列舉全國二十種名酒，其中也有「泰和之泰酒」，認為此酒與麻姑酒一樣「色味……冠絕」。可見泰和酒影響之大。

6. 丁坊酒。又名棗兒紅酒，因產於江西南昌縣丁坊村而得名，是清朝時給乾隆皇帝進貢的貢酒。同治《南昌縣志》云：「棗兒紅酒，出丁坊，其地就甘泉為井，汲以釀，故佳」。[278]張能臣《名酒錄》云：「洪州酒之佳者，曰雙泉、曰金波，今無。唯南昌丁坊有，井水重於他井，造酒醇釅，名丁坊酒。」[279]

7. 臨川貢酒。富庶的臨川號稱「贛撫糧倉」，有著舉世公認的燦爛古代文化，自古就有「才子之鄉」、「文化之邦」的美譽。臨川貢酒雖產於兩千多年前戰國時期，但盛行並得名於北宋時

---

278 同治《南昌縣志》卷八《地理·土產》，同治九年刊本。
279 同治《南昌府志》卷八《地理·土產》。

期。宋朝時期，臨川酒風極甚，酒坊雲集，酒旗處處。每至夜幕降臨，燈火初上，家家酒肆，飲者滿座，猜拳行令，吆三喝四，煞是熱鬧。該酒係以優質大米為原料，採用傳統釀酒工藝，結合現代釀酒技術，經過精心勾兌而成。其酒液純清，聞香優雅，口感醇正，甘綿爽淨，低度味不淡，多喝不上頭，是節日喜慶宴用、饋贈親友不可多得的佳品，常飲此酒更使人才思敏捷，心曠神怡。相傳，當年王安石就是飲下此酒而寫下了「春風又綠江南岸，明月何時照我還」的千古名句。

此外，江西名酒還有餘干之燒酒，萍鄉之玉蘭酒、於都之蜜酒、奉新之高粱酒、進賢之李渡高粱酒、銅鼓之撐酒、萬安之糯米桂花酒、會昌之陳香糯酒、新建之清明酒、婺源之清華婺酒、吉安之堆花酒等。[280]

江西酒類的著名品種繁多，表明江西對酒這種飲品的重視。當然，江西飲酒風靡的一個標誌就是酒肆、酒樓日趨繁榮。酒肆門外大都懸掛酒旗作為標誌，他們或以小吃精美聞名，或以經濟實惠著稱。酒樓大多建在經濟發達、交通便利的大市鎮裡。如進入二十世紀二十到三十年代，九江酒業繁榮興旺，相繼開有「老德昌」、「老吉成」、「意隆」、「意興」等二十餘家酒店，自釀自銷，酒客絡繹不絕。

---

280 詳見魏佐國、余從榮《唐—清代江西釀酒業的繁榮》，《94 國際酒文化學術研討會論文集》，第 231-234 頁；李國強、傅伯言主編：《贛文化通志》，第 644-649 頁；余悅主編：《江西民俗》，第 141-143 頁。

（三）江西飲酒習俗

江西各地飲酒之風特盛，不僅僅局限在江西民眾的衣食住行、生老病死等方面，同時還涉及婚喪嫁娶、歲時節慶、生產交易等社會生活的各個方面，凝結著江西民眾的喜怒哀樂各種情感。「飲食本有常經，奢儉實開風化。會邑土俗日唯三餐，每飯必先飲酒，雖貧民無不挈瓶而沽。客至，肴饌不必精美，若無酒以供，或食以饘粥，人輒以為慢客。」[281]

江西民眾，特別是贛南客家人常常聚在一起飲酒，平時賓客偶至，必呼酒留飲。酒是待客的必需品，每逢慶賀喜事或歡慶豐收，則大飲大喝，百日之勞，一日之澤，如春季插完禾苗後，要歡聚飲酒，慶賀豐收時更要飲酒，酒席散盡之時，往往是「家家扶得醉人歸」。

歲時節令有酒。江西居民一年幾個重大的節日都要飲酒，端午節飲菖蒲酒，重陽節飲菊花酒，尤其是過年，人們一般都要預先釀好美酒，謂之「年酒」。平日賓客偶至以酒相待，佳賓則更要以美酒相陪。男子加冠取字要設酒宴慶賀，如星子縣「冠男子長而字」者「設酒食召鄉鄰」。慶賀豐收要飲酒，如安遠縣「孟冬朔日，晚禾既熟、冬酒初香，村社聚會，飲食征逐，俗曰十月朝，百日之勞，一日之澤，家家扶得醉人歸」。[282]早稻栽插完畢要飲酒，如武寧縣每年「四月插禾畢，鄰戚歡聚飲酒，謂之幫幹

281　同治《會昌縣志》卷十一《風俗・飲食》。
282　同治《安遠縣志》卷一之八《地理志・風俗》，同治十一年刻本。

工。」祭祀祈祝要飲酒，每年春秋二社農民們都要設酒祭神以祈求神靈保佑，如武寧縣「春社祈穀，同社者祭畢飲酒」[283]。婚嫁大喜，不僅聘禮少不了酒，大喜之日更是酒字當先，每年的鄉飲酒禮還是以酒定名。

誕生，是人生的開端，對於江西民眾來講，更為講究的就是報生酒。江西民俗，嬰兒出生後，大多要鳴炮示慶，將胎盤（俗稱「包衣」）埋於荒野。父親則要到外婆家報喜。報生時，多提一把茶壺，生男者壺嘴朝前，掛兩個由紅繩繫著的桂圓，壺嘴插紅紙紮的香柏和萬年青，壺內裝滿酒；生女者，壺嘴朝後，無任何裝飾。岳母收下酒後，回一壺糯米或粳米，上放一雙彩蛋，傳說吃了娘家的米身體強壯些，然後岳母給鄰居分送報生酒。

在祭祀活動中，酒依然是必需品。在古代的祭祀禮中，不管是王公貴族、士大夫的宗廟祭祀，還是一般民間祭祀，都要先行「醑酒」（以酒灑地），後宴飲，成為傳統祭祀中必不可少的禮儀。在醑酒前，主祭人手舉酒盅，恭敬肅穆，神色莊重，口中或念念有詞，或默念禱詞，祝禱神靈祖先後，將盅中祭酒在地上分灑三點，再將盅中餘酒在地灑成一半圓形（表示以酒在地醑成「三點一長鉤」的「心」字形，寓意「心獻」之禮）。而在祭祀江河湖海時，則要以酒醑水。

其實，文人雅士聚在一起賞月吟詩也往往借酒助興，如新昌縣每年「七月七日，學士賦詩飲酒以賞七夕」，「重陽日登高，

---

283 同治《武寧縣志》卷八《風俗》。

學士賦詩飲菊酒」，上高縣「二月望日號花朝，文士相約，踏青賦詩飲酒盡歡而散」，「八月十五日夜，士大夫家多飲酒賞月，吟詩贈答」，而「九月九日，士大夫登敖嶺覽仙跡，游觀甚眾，或上大觀塔，俯仰瞻眺，飲酒題詩」[284]。酒還是江西居民饋贈親友的一種上好禮品。飲酒習俗的盛行，在很大程度上顯現出江西古代釀酒業的繁榮。

總之，江西的飲酒習俗，種類極多，而且飲酒之風，至今不衰。它在許多場合，是作為一種文化符號，一種文化消費，用來表示一種禮儀，一種氣氛，一種情趣，一種心境。從各自學科研究酒與人之間的關係，都有說不盡的話題，解不完的奧秘。

三、酒宴習俗

宴會是中國傳統文化中常見的社交方式，上至國家大典，外事活動，下至婚喪嫁娶，親朋交往，少不了要舉辦各種宴會，以交流感情。它是指人們為了某種社交目的，以一定規格的酒菜食品和禮儀來款待客人的聚餐方式。在江西，無論是娶親嫁女、店鋪開張，上梁豎柱，還是新屋落成、爹娘大壽，甚至父母喪葬都要做酒席宴會賓客。當然，我們也能從江西的酒宴習俗之中，窺見江西民俗的獨特和江西民眾的好客之情。

酒宴，顧名思義，少不了酒，少不了宴席，其實在古代，宴席的本意是古代鋪地的坐具。「司幾筵掌五几、五席之名物，辨

---

284 同治《上高縣志》卷四《風俗志》，同治九年刊本。

第六章‧飲食民俗

641

其用，與其位」²⁸⁵，「几」，一種矮小的案子，古人用來擱置物品和憑倚身體之用，人們將食品菜餚放在席前的几上，席地而食，也就形成了古代的筵席，後來逐漸演變成為具有一定規格質量的一整套酒水菜品。在江西，宴席的名稱一般以宴席的內容而定，如婚嫁喜事叫「暖轎酒」、「結婚酒」；小孩出生三日要做「三朝酒」；滿月做「滿月酒」；老人過生日要做「暖壽酒」；春節時要請「春酒」，耕作中有「栽禾酒」、「圓禾酒」；工匠學徒有「進師酒」、「出師酒」；建房蓋屋，動工之日請「落石腳酒」、上梁之時請「上梁酒」，竣工之時要做「圓屋酒」；遷居、暖灶要請「過火酒」、「暖灶酒」。這種「做酒」活動自然不僅僅是飲酒而已，實際上多是菜餚豐盛的筵席，然而卻被江西老表冠以「酒」的名稱，可見酒在宴席之中地位的厚重。

江西鄉俗飲宴保留有請客、安席、音樂、勸酒等禮儀傳統，處處彰顯著儒家社會倫理道德。「請客」，為酒宴的前奏。一般人家請客，多數是口頭相請。比較正式的則用紅紙寫一張客單，登門相請，請客的對象大都為至親、好友、近鄰。至約定之日，親朋賓客紛紛來恭賀，即又有「安席」之儀。眾客站列於門外空地，東道主與禮生逐一邀請首席、二席等客人入席。請客擺酒通常用八仙桌，尊者坐上，所謂上席，乃是指與背對廳堂方向為上。擺席有規矩，第一席居中，請尊敬的客人坐首席首位。客立於門檻外加禮，而後轉身向眾客作揖表歉意，再隨禮生引帶至席

285　《周禮·春官·司幾筵》。

位。在爆竹與音樂聲中，客隨禮生動作施禮，禮生對客席坐凳、碗筷逐一挪動並隨之一揖，表示對「安席」客人之尊敬。整個過程在肅穆氣氛中進行，稍有差池則視為對客人失禮，影響飲宴氣氛。席位次第序號，東道主與禮生早已排定。兒子結婚，首席為妻舅；妻子生日，首席為丈人；男子生日壽筵，首席為族中輩份、年壽最長者。「安席」雖俗套，但富有濃厚的倫理道德意義。坐次中明長幼之序，禮儀風範猶存。[286]

　　當然，在酒席之中，女人一般不入正席，只能坐側席，甚至只能在廚房裡吃。主人的小孩也不能上桌。每一席都要安排一位主人或其代表在末座奉陪，負責倒酒敬酒。菜餚上桌，主人先敬酒，主人不動筷子，客人不能先動，敬了頭杯酒以後方能不分先後地吃。「勸酒」，以示東道主對客人的誠意。然而，飲酒也有規矩，如果是吃喜酒，可以大口地飲，也可以猜拳。如果是吃喪酒，只能呷幾口。在酒席上，要吃飯的話，一般不能過量，吃了兩小碗就不能再吃，如果大嚼大咽會被人斜目而視。江西南昌有句俗話說「酒醉英雄漢，飯撐死膿包」，意思是吃飯多不算本事，喝酒多的才是英雄。在酒宴進行之時，為了營造濃厚的喜慶氣氛，會吹奏出《八月桂花》、《狀元游街》、《十要味道好》、《十月懷胎》等耳熟能詳的江西小曲，讓親朋賓客在酒席之間娛樂放鬆，享受生活或者寄托生者對死者的懷念等。

　　在酒宴之中，除了對酒席當中人的禮儀有規範，對酒宴的規

286　余悅主編：《江西民俗》，第 140 頁。

格，菜餚食品等依然有嚴格的要求，並依此來實現家族的光榮與榮耀。「中國的酒宴是以鋪張浪費而著稱的。老百姓平時無比節儉，等到辦理酒宴，為了禮節，為了面子，務必大肆鋪張，非如此不能算是成功地做人。」[287]

對於酒宴的規格，一般有「十特碗」、「海參席」、「肉圓魚鰾席」、「魷魚席」、「墨海席」、「水席」、「官席」、「四克四落席」、「牲席」、「十碗八碟席」等[288]。

（新建）國家享宴，只復如此。吾家世守簡樸，近尚浮靡。慶賀往來席列九簋，不度有無，物力盡矣。今酌為六簋，葷素參半。葷品，雞肉魚蛋之類；素品，蔬筍腐韭之類。非薄非盛，率用鄉間易購、力足取辦者。其尋常往來戚友體諒寒儉，凡三四簋固可表情。若遠方新客，即屬尊行，來未便於六簋外加添，貽笑軒輊。且賢明君子必崇儉德，斷不以口腹相繩也。吾家叔侄兄弟子孫，其胥守此約，永遠勿渝。[289]

（南昌）宴賓客，以豚肩為敬，率四盤兩碗，豐則十二簋，以鄉異。[290]

287 高丙中撰：《民間風俗志》，上海人民出版社一九九八年版，第 131 頁。

288 詳細參見余悅主編《江西民俗》，第 138-139 頁。

289 《萬燕堂曹氏家規》，同治《新建縣志》卷十五《風俗》。

290 民國《南昌縣志》卷五十六《風土志》。

至於具體的規格，以安遠縣為例，縣民遇有壽、婚、生、喪等事舉行筵宴，有「十碗四盤」和「四盤八碗」菜式之分。十碗即假燕、鴨肉（或海參）、酥魚、大塊豬肉（紅燒肉）、魚丸、肉皮、肉丸（多為粉丸）、肉丁湯、海帶、雜菜各一碗；四盤即炸魚、蟄皮、肉絲、炒雜各一盤。四盤八碗菜式較為豐盛，均用大碗大盤，不上海帶和雜菜兩碗菜。近年來縣城以炸獅子頭、燒肉皮、炸清湯代替酥魚、大塊豬肉和肉丸。北區筵席以紅、白大塊豬肉和炸豆腐為基本菜餚，不用盤，通常採用十二碗或十六碗菜式。娶親嫁女筵席忌用鴨肉。喪葬筵宴，全縣普遍以豆腐為主菜，輔以蘿蔔、青菜、筍干和少量芹菜，碗數逢單。

　　至於宴會的菜品，以豬肉、魚肉和鴨肉為主料，以豆腐、蔬菜為輔料。當然，也會出現鮮明對比，主要如狂歡與日常的對比、貧富的對比以及時代的對比等等。

　　第一，狂歡與日常對比方面。在分宜，「佐膳者，葷以豬肉，素以豆腐，為家常大宗，其他雞魚牛羊、山珍海味，非喜慶宴賓不登於俎」，[291]上饒鉛山，「非逢賓祭，從不特殺」。[292]

　　第二，貧富的對比方面。一般來說，貧富之間的差別在宴飲方面的體現較為充分，能夠大肆鋪張、規格較高的宴飲場合，多為富戶。平民百姓由於經濟條件所限，在宴飲風氣上只能從儉。在宜春，「雞、豬、鵝、鴨之屬，用以宴客，非富貴之家不自食

291 民國《分宜縣志》卷十四《風俗‧生活》。
292 同治《鉛山縣志》卷五《地理志‧風俗》。

也。城市之民，較鄉村為奢，日食之品，間用魚肉等類，珍饈漁味，亦不常充庖廚。唯宴客頗多豪侈，珍貴名品，常登於俎豆，其名有一品鸞、三點水、魚翅、海參、燕窩等目，然亦僅城市中有之，鄉村則甚少焉」。[293]

　　第三，時代的對比方面。隨著社會日益進步，酒宴的奢侈程度也日趨嚴重。起初，在清代以前，「宴客不過十品，雞鴨魚肉之屬。珍錯異味，市不曾鬻，席亦罕設」。[294]然而，至民國時期，在萬載，「宴客，舊率從簡；遇慶事，姻黨畢集。近日用海菜，而舊姻盡疏矣。辛亥以後，日趨奢靡」。[295]

　　更有甚者，《吉安縣志》記載：「有賓客或令節屆，即窶人亦肉食，值吉事饌以豐，然以視富人之海錯山珍羅列盈幾，固猶瞠乎後也。在昔，物力充而價低廉，即素封開盛筵所費不過數金，今則一席之費有耗十餘金，數十金者矣。」[296]在會昌，民眾更是從酒宴的規格來大呼社會風氣之劇變，「吉事款賓，豪華之家純用美品。喪事，在城者待客用葷席，如延僧修佛事則獨用蔬菜。湘鄉唯富家用葷，貧家葷素參半，承（城）鄉則一體素席而已。總之，昔之飲食多儉，今之飲食多奢，以父老傳聞及少壯所見，日遷月異，風氣大相徑庭矣。至於奢則示儉，儉則示禮，有

293　康熙《宜春縣志》卷十二《風俗》。
294　同治《星子縣志》卷一《疆域志‧風俗》。
295　民國《萬載縣志》卷一之三《方輿‧風俗》。
296　民國《吉安縣志》卷四《風俗》。

志風化者尚其有以轉移之」。[297]在武寧地區,「服食,昔專儉樸,今則綺羅珍錯,居室器皿,競相誇斗而宴客尤豐,物力有漸不能支之勢」[298]。在廣昌「皇宮室服食制者皆古樸,昌邑素秉禮義,無或紊者。明初,民舍編茅,男女服食從儉樸,成宏以來,承平日久,俗漸奢靡。明末尤甚。喪亂之後,士大夫家風雨不蔽,布衣艱食而販豎編戶且衣錦綺被,珠翠盛設,珍錯以相侈。孔子曰:『奢則不遜。』又曰:『禮,與其奢也,寧儉。』則復古還醇,誠近日之急務矣」。[299]

宴會風尚之盛固然反映了生活水平的提高,反映了物質財富的豐盛,但是大吃大喝,助長了侈靡之風,亦浪費了不少資財,不利於社會的再生產,也無益於社會的持續發展。

第四節 ▶ 特色食俗

江西菜餚,又叫「贛菜」。贛菜歷史悠久,是在繼承歷代文人文化的基礎上發展而成的鄉土風味極濃的家鄉菜。如許真君常以之待客的「藜蒿炒臘肉」,以文天祥名字命名的「文山肉丁」、廬山歸宗寺的「東坡肉」、毛主席親自命名的「四星望月」……這些脫口而出的菜餚名稱,雖然不屬於中國的四大菜系、八大菜

---

297 同治《會昌縣志》卷十一《風俗・飲食》。
298 同治《武寧縣志》卷八《風俗》。
299 同治《廣昌縣志》卷一《風俗志》。

系、十大菜系等之列，也比不上宮廷菜、清真菜、孔府菜，譚家菜等，甚至，自近代以來，當「八大菜系」盛極之時，贛菜卻逐漸趨於沉寂，但是贛菜作為地方菜，它卻具有獨特的地方風味，讓人回味綿長。

一、贛菜的特色

原汁原味是贛菜的最大特色，這是所有贛菜研究者的共識，也是贛菜巨大魅力之所在。贛菜所選用的原料，大都產於本地。江西地處江南，是有名的農業大省，素有魚米之鄉的美譽。豐富的物產為贛菜技術的形成奠定了良好的物質基礎，致使在這塊土地上的飲食文化魚龍蔓延，成犖犖大觀。菜餚既不同於川鄂湘之麻辣，又不同於蘇皖的甜脆。

江西人因近山靠水的地理環境和氣候特點，像雨季長，降水量大，濕氣重等，飲食口味喜香辣，偏鹹鮮，味道重。因此佐料喜歡多，尤其喜用醬油、辣椒、豆豉等調料，形成獨具地方特色的「家鄉菜」。此類菜品主要有南昌、贛州、萍鄉等地方流派，技術上大同小異。取料以地方特產原料為主，配製上講究選料嚴實，刀工精細，突出主料，分色配料。烹飪方法上講究火工，擅用燒、炒、燉、燜、蒸等法，其中粉蒸是一特色，比如粉蒸肉、粉蒸大腸，須放入醬油、辣椒末、白糖、料酒、蔥末、薑末、味精、胡椒粉等，既原汁原味，又香味別具。在質感上，講究原汁鮮味，酥、爛、脆，油而不膩，味重偏辣，接近湘菜和川菜體系。如萍鄉、吉安一帶的烹飪習慣，與湘菜十分接近。由於江西民風的善納和包容性，菜品風格也多姿多彩，一些地方的菜餚特

色接近鄰省，除了上述的萍鄉等地之外，還有南部的贛州受到廣東客家菜的熏陶，北面的九江與安徽、湖北一衣帶水，烹飪上又有些許鄂菜、徽菜的影子。江西的婺源更是承襲了徽菜的傳統，以粉蒸、清蒸、糊菜為鮮明特色，進而影響整個贛菜體系，使贛菜顯現出兼容並蓄、薈萃精華、海納百川的特點。藜蒿炒臘肉、豆泡燒肉、八寶飯、井岡山煙筍、南昌獅子頭、南安板鴨、貴溪捺菜、萍鄉熏肉等都極富特色，各具風味。

贛菜的總體分布，按照地理特點和物產分布及經濟圈劃分，大體可分為贛南、贛北兩大地方風味。[300]

贛北風味應以南昌、九江和鄱陽湖地區為中心，其中以南昌風味最具代表性。南昌是江西地區的政治、經濟、文化和交通中心，經濟發達，物產豐富，商業繁榮，為贛北菜的交流發展和博采眾長創造了條件，並經長期積累，逐漸形成了具有當地特色的風味菜。其最突出特點是善於運用當地的淡水魚鮮烹製菜餚。如潯陽魚片、米粉蒸肉、空心魚丸湯、乾燒豬腳、爪尖燒甲魚、炒鱔魚、清蒸荷包紅鯉、鴛鴦鱖魚等等，均具有濃厚的贛北菜風格。

贛南風味則以贛州、吉安等地為中心，其中以贛州風味最具代表性。贛南多為丘陵山地，經濟較贛北地區落後，贛面菜具有濃厚的鄉土氣息，善於利用山區特產烹調菜點。如三杯雞、冬筍

300 杜福祥、王九柱編：《指點天下美食》，旅遊教育出版社二〇〇五年版，第 166 頁。

乾燒肉、小炒魚、文山雞丁、紅燒狗肉、炒雙冬、清煮武山雞等等，均具有山鄉菜的風格。

這兩個地區的共同特色在於味濃、油重、主料突出、注重保持原汁原味。在品味上側重鹹、香、辣；在質地上講究酥、爛、脆、嫩；在烹調上以燒、燜、蒸、燉、炒見稱。炒菜重油，保持鮮嫩，如贛州名菜「小炒魚」。蒸或燉的菜，保持原汁，不失原味，既保全營養，又有補益，如「清蒸荷包紅鯉魚」、「清燉烏骨雞」。燜製的菜酥爛，味香，如久負盛名的「三杯雞」。

至於菜式，具有較廣泛的適應性，既有各種筵席菜，也有適應家庭便宴和民眾聚餐的菜餚。江西筵席菜餚有以魚為主的魚席，也有以咸鮮兼辣的地方風味菜餚，並配以時令蔬菜、水果，組合新穎，品種繁多。江西傳統筵席的主要菜餚品種有：海參眉毛肉丸、三杯雞、紅酥肉、南豐魚絲、文山裡脊丁、清燉武山雞、清蒸荷包鯉魚、炒血鴨、小炒魚、炒石雞等。家庭宴會菜式，習慣用全雞、全鴨、全魚製作的菜，此外，號稱四星望月的粉蒸魚就是一道著名的家宴菜。常用的家宴菜有：白澆鱅魚頭、紅松魚、香菇燉雞、炒米粉、永新狗肉等。大眾化菜式亦稱家常菜，這種菜式取料方便，製作簡單，一般家庭隨時都可製作，餐館中也有家常菜的供應。常見的家常菜有：米粉肉、家鄉肉、黃瓜拌肚尖、糖醋鯽魚、炒三冬等。

二、特色飲食

在不同的地方，我們總能發現不同的風景，不同的物產，當然也包括不同的風味小吃。不同地方的風味小吃，反映著不同地

方的文化傳統和風俗民情。在江西這片紅色土地之上，隨便走進哪條小巷，都會發現一些獨特的，別具一格的江西特色飲食，包括名菜、名點。下面筆者將江西分為南昌、贛東、贛西、贛南以及贛北五個地區加以詳述有關各地的特色飲食，帶您一起品味江西的特色食品，回顧江西的悠久歷史，感嘆江西的文化底蘊。

（一）南昌名食

南昌菜作為贛菜的重要組成部分，它的代表菜有藜蒿炒臘肉、粉蒸肉、泥鰍鑽豆腐、金線吊葫蘆、南昌拌粉、南昌瓦罐煨湯等。[301]

1. 鄱陽湖獅子頭。先將香芋切絲放盆內加精鹽拌勻醃軟，豬肉剁成米粒狀。再將肉粒、香芋絲、馬蹄末、火腿末、干貝絲、薑末放一盒內。磕入雞蛋，加入干淀粉、精鹽、醬油、胡椒粉攪打粘性，分成四份，每份包一個鹹蛋黃，即為獅子頭生坯。然後炒鍋上火，放入色拉油燒到五成熱時。放入獅子頭生坯，炸至金黃色撈出，放入湯碗內，加入好湯（與獅子頭相平），並加入精鹽、料酒、醬油、蔥結、薑絲上籠蒸二小時左右。至酥爛出籠，揀去蔥結。炒鍋上火，放入清水燒沸，加入少量油，放入菜心、精鹽、雞精、味精，略炒至熟，出鍋盛於平底湯盤內。炒鍋

301 鄭小江、王敏主編：《草根南昌——豫章風物尋蹤》，第 25-28 頁；
萬建中、劉筱蓉：《贛江流域的民俗與旅遊》，第 27-31 頁；余悅主
編：《江西民俗》，第 130-136 頁。

重上火，將獅子頭的原汁倒入鍋內，獅子頭反扣於菜心上，用濕澱粉勾琉璃芡，加入明油，淋澆於獅子頭上即成。其特點：質地軟爛，味道鮮美。

2. 藜蒿炒臘肉。「藜蒿，野生洲渚間，春夏初刈之，城居之人掐其葉留其白，謂嫩莖也。用乾肉、早韭炒之，為時蔬。性能化痰，然助毒。」[302]

「藜蒿，新建湖濱多有之，東坡詩：「蔞蒿滿地蘆芽短，正是河豚欲上時。」祝志云：「藜蒿不過樵蓋，樵舍以上無之。季春則長，大則不可食矣。」[303]南昌人有句話「鄱陽湖的草，南昌人的寶」。藜蒿是鄱陽湖內的一種野生植物，每年陽春三月，藜蒿長得鮮嫩，南昌人特別偏愛用藜蒿炒臘肉。相傳許真君當年治水患，在鄱陽湖考察時遇到大風，被困孤島，乾糧用光，只剩一點臘肉，就用湖上的藜蒿佐臘肉而炒，發現味道清美。[304]於是「藜蒿炒臘肉」成為南昌人的一道菜而流傳開來。每逢開春，家家戶戶都愛用臘肉炒藜蒿，一來品嘗此菜的風味，二來紀念許真君對江西治水的功績。它的製作簡單，把藜蒿除去根後的嫩莖切成半寸長一段，臘肉切成絲，外加一些蔥段。先炒臘肉，後加入藜蒿和蔥段煸炒，加入湯料，片刻起鍋，淋上小麻油即成，臘肉金黃，藜蒿青綠，脆嫩爽口，且有一股特別的清香味道。南昌人

302　民國《南昌縣志》卷五十六《風土志》。

303　同治《南昌府志》卷八《地理‧土產》。

304　梅聯華：《圖說南昌民俗》，江西美術出版社二○○八年版，第12頁。

吃藜蒿也有季節性，俗曰：「三月籬，四月蒿，五月當柴燒」，
表示藜蒿的季節性非常強，三月是吃藜蒿的最好時節。

　　3. 三杯雞。起源於江西進賢，相傳百年前有一戶人家，只
有姐弟兩人相依為命，因生活貧困，弟弟要外出謀生，臨行前，
姐姐將家中僅有的一隻嫩母雞殺了，剁成塊，連同內臟裝在一個
小砂缽裡。苦無調料，只得放些糙米酒和醬油。燒沸時香氣四
溢，驚動了隔壁一位在官府做廚的熊某。他登門拜訪，恰逢雞
熟，廚師品嘗了一塊，其味甚美。後來，這位廚師將烹飪方法加
以改進和完善，用於酒宴，深受賓客讚譽，從此，「三杯雞」名
揚四方。其製法：將雞肉洗淨，剁成二釐米見方一塊。烹調時將
雞肉盛入砂缽內，放入菜油、醬油、料酒各一杯及薑片、陳皮、
干椒，蓋好用旺火燒沸後移至小火上燜至酥爛，然後上旺火收稠
鹵汁，揀去干椒，放入味精、蔥段，淋上麻油即成。特點是酥爛
汁濃，鮮香微辣。[305]

　　4. 瓦罐煨湯。江西民間素有煨湯的習慣，農村用大鍋、大
灶煮飯、燒菜，灶內以稻草、柴火作燃料，灶內周圍放著瓦罐或
鐵罐，罐中或放菜或放珍禽野味，煨出來的湯不僅清淡鮮美、原
汁原味，而且有滋補調理身體的作用。正宗的瓦罐煨湯是完全採
用民間傳統的煨湯方法，以土質陶器為瓦罐，精配食物，加以天
然礦泉水為原料，置入一米方圓的巨型大缸內，以硬質木炭火恆
溫加熱，瓦罐六面受熱，煨製達七小時以上，過程是一百六十度

---

305 梅聯華：《圖說南昌民俗》，第 18 頁。

C 煨二到三小時，接著降溫到一百二十度 C 煨二個小時左右，再用文火慢慢煨。瓦罐的妙處在於土質陶器，秉陰陽之性，含五行之功效，久煨之下原料鮮味及營養成分充分溶解於湯中，其味鮮香淳濃，美食家感嘆：「民間煨湯五千年，四海賓客常留連。千年奇鮮一缸收，過了此店無此主。」南昌的瓦罐湯以神金塔的最為有名，主要的煨湯品種有豬腳黃豆煨湯、野生菌王煨湯、老雞煨魚翅、八珍瓦罐煨湯、老鴨豬肚湯、香菇土雞湯、土鴿竹筍湯等，均有不同藥用和調理身體的作用。各色湯品煨好端上來，上桌後罐口仍封著錫紙，一揭開香氣撲鼻，湯水濃且醇厚，甘而不甜，苦而不澀，鹹而不濃，辛而不烈，淡而不薄，肥而不膩，「入口鮮掉人眉毛」。

　　5. 粉蒸肉。南昌人每年過立夏之日，都要蒸上一碗米粉蒸肉，說立夏日吃了它不會生痱子。米粉蒸肉的做法是：將大米及八角、桂皮等香料炒熟，磨成粉末，然後將五花肉切成塊狀，浸漬辣椒油、醬油，再加白糖、料酒，倒入米粉和均攪拌，再將拌好的粘滿米粉的肉一片片疊好放在碗中上竹籠去蒸，蒸至五成爛再取出來。米粉肉吃起來香而不膩，別有風味。袁枚對「粉蒸肉」曾有這樣的描述：「用精肥參半之肉，炒米粉黃色，拌麵醬蒸之，下用白菜作墊。熟時不但肉美，菜亦美。以不見水，故味獨，全江西人菜也。」[306]有關米粉蒸肉，還有一個廣為流傳的動

306　（清）袁枚：《隨園食單》五《特牲單》，李江譯注，中國紡織出版社二〇〇六年版，第 50 頁。

人故事。相傳古代，當地有一對恩愛夫妻，丈夫十年寒窗苦讀，進京趕考前，妻子為了讓丈夫在路上能吃好吃飽，熬了整整三個晚上，織出夏布，換來平時吃不上的豬肉，連夜炒米磨粉，蒸製家鄉粉蒸肉送丈夫上路。丈夫進京科考後，金榜得名，誰知在外為官數年不歸。妻子曾託人捎信請丈夫回家看看，但未能觸動丈夫歸鄉之心。後來妻子想了個辦法，不託人寫信，只是請人送去自己親手做的一碗家鄉風味的米粉蒸肉。丈夫接到妻子託人千里迢迢送來的家鄉菜，頓時萌發思鄉之情，熱淚盈眶，竟然棄官返鄉，與家人團聚。[307]

6. 鰍魚鑽豆腐。又叫「亂箭穿心」，是南昌民間長久流傳的一道名菜。「泥鰍生泥中，食鰍先以水養之，入麻油其中，鰍食油則腹泥盡出，既熟無土氣」[308]。製作前，先取冷水一盆，將小鰍魚放入後，打入蛋清，一天後，待鰍魚內臟物排出，洗淨。用砂鍋放在微火上加入好湯，把整塊老豆腐和活鰍魚同時下鍋，湯熱後，鰍魚往豆腐裡面鑽。燉三十分鐘後，加入薑、冬筍、紅蘿蔔等配料，少頃，將砂鍋離火上桌。此時只見鍋內湯清如鏡，豆腐鰍魚交錯，味鮮可口，令人垂涎。相傳是在北宋時期，洪州府有一位陳撫台，微服私訪，路過某鄉村時，太陽已經下山，天色已暗，人馬疲乏，肚子也覺得飢餓，便下馬找戶人家歇息食宿。此時他偶見一農婦正在家門口做豆腐，便上前請求農婦設法弄點

307 梅聯華：《圖說南昌民俗》，第 15 頁。
308 民國《南昌縣志》卷五十六《風土志》。

吃的。善良的農婦立刻答應，並招呼撫台進屋坐下。可家中又拿不出有葷腥的菜待客，實在沒有辦法，便叫丈夫去池塘抓點魚、蝦來做菜。丈夫攜魚簍回家，只抓到一些小泥鰍。當地習俗是無鱗魚不能做菜上席的。農婦只好拿做好的豆腐和活泥鰍一道放在鍋內煮，加米酒、生薑、鹽。待煮熟後揭開鍋蓋，只見白的嫩豆腐，卻不見泥鰍了。農婦正感到驚訝時，突然身後傳來撫台的聲音：「好香的菜呀。」原來是菜的香味飄到前堂客廳，把飢餓的撫台引入後屋灶房台前。此時農婦見客人已到灶房來了，忙把豆腐泥鰍送上給客人食用。當撫台把豆腐咬碎，發現豆腐之中還有鮮嫩味美的泥鰍時，連聲稱道：「泥鰍鑽豆腐，酷似金屋藏嬌，真是奇菜。」[309]

7. 洪都素燴。因用料全素不葷，清香雅淡，不僅為佛門和清真食客所好，而且也深受好清淡口味的人們所喜愛。原料有冬筍、蘿蔔、白菜心、香菇、白蓮、髮菜、銀耳、面筋等，調味又另加丁坊酒、白糖、麻油等。菜形也十分講究，紅棗居中，銀耳、冬筍、菜心等間隔著放盤內，紅、黃、青、白，色彩明麗，各式素菜，清淡爽口。

8. 金線吊葫蘆。南昌的民間小吃。它不僅名字美，味道也美。外地人非常稀罕這道小吃，千方百計地在市面上尋找賣「金線吊葫蘆」的飲食店，想親口嘗嘗這名揚四海的「金線吊葫蘆」。金線吊葫蘆的製作其實很簡單，取包好的餛飩十只，手工

---

[309] 梅聯華：《圖說南昌民俗》，第13頁。

切麵二兩左右，麵要切得細而長。先下麵條，後下餛飩，熟後撈起來放入南昌民間常用的藍邊碗內，再用原汁骨頭湯（湯須呈金黃色）澆上，再放入胡椒粉、香蔥等調料。麵條又細、又軟、又長，餛飩又香又鮮，恰如一只只金葫蘆浮在碗面上，既好看又好吃。

9. 南昌拌粉。南昌涼拌粉的做法，先將米粉放入水中煮熟，再將熟粉從熱鍋中倒入冷水盆中急驟降溫，放入簸箕中將水濾乾，待吃時可依據氣溫隨意地選用熱、冷水，用笊籬裝上一人份的米粉飛快地在水裡浸上三秒鐘，麻利地抖干笊籬內的殘水將粉倒入碗中，放入鹽、胡椒粉、味精（雞精）、醬油、麻油（香油）等調味料，以及蒜末、蔥花、鹹蘿蔔乾、雪裡紅醃菜末、油炸花生米等輔菜，最最重要的是加上南昌人喜歡的，由乾辣椒末製成的辣椒醬，拌勻後即可食用。南昌涼拌粉具有「韌、爽、鮮、滑」的特點。由於米粉本身筋道，再加上煮熟後馬上入水冷卻，使得米粉絲毫不綿軟，韌性十足；在吃之前又浸一下水，目的是防止由於米粉放置後產生的粘連，過水濾乾能保證粉條吃起來根根清爽、條條滑溜；再加上由以上輔菜佐料拌起來，南昌涼拌粉開胃爽口，即便是炎炎夏日也令人食欲大動。

二〇〇四年四月十七日上午，鄭小江、王小珍、張嶸在南昌石頭街就南昌的名小吃對胡公公進行了採訪，胡公公，男，一九一九年生，老南昌人，在南昌出生，未離開過南昌，商販。現住石頭街。

問：聽說石頭街的麻花很好吃，您吃過嗎？知道是怎麼

做的嗎？

答：一品齋就在我住的後面，是原先有名的茶館，它的麻花用洋鐵皮筒子裝的，麻花顯得高級一點。一品齋的麻花好有名，不知道怎麼做的，但很好吃，我吃過。只有這一點大（用小拇指掐住一半比了一下）。那都是有錢的人吃的。

問：聽說南昌有個羊子巷米粉比較有名？

答：那是解放後。姓鮑的，鮑記米粉，在瓦子角那裡，吃那個粉呢，農村裡到這裡來買布的人呢，就吃兩個子油餅，吃一碗粉，店在羊子巷就叫羊子巷米粉了。

問：還有別的好吃的嗎？平時會找著去吃的。

答：沒什麼。噢，就是蒸子糕，現做現吃，現在沒看到過了。用糯米粉，一個擔子，中間有水，蒸的，有個活動的東西，把粉放進去，蒸，又一個頂出來。現做現吃的。賣一個角子一個，就是銅板一個。一塊現洋可換三六〇個銅板，那時我只有十七八歲。原來的票子可以撕開用，裕民銀行的票子，可以撕開來用。[310]

南昌的名吃，除上面介紹這些之外，還有竹筒粉蒸腸、銀魚肉絲、「皇禽」烤滷、春卷、木瓜涼粉、牛舌頭、牛肉炒粉、香蕉鍋巴、吊樓燒餅、芝麻糖餅仔、大回餅、白糖糕等等，總之，

---

310 《南昌民俗訪談錄》，鄭小江、王敏主編：《草根南昌──豫章風物尋蹤》，第 207 頁。

讓人眼花繚亂，但回味無窮。隨著烹飪技術的向前邁進，南昌名菜還與南昌歷史上著名的「豫章十景」（洪崖丹井、西山積翠、滕閣秋風、章江曉渡、龍沙夕照、南浦飛雲、鐵柱仙蹤、蘇圃春蔬、東湖夜月、徐亭煙柳）融為一體，既講究藝術裝飾美，又注重菜餚的食用性，使美景佳肴相輝映，很好地體現了贛文化的特色。

（二）贛東名食

贛東地區，主要包括撫州、鷹潭以及上饒、景德鎮的部分地區。在這片熱土上，依然有各種各樣的名菜名點，如瓷泥煨雞、炒麥雞、臨川菜梗、臨川「牛雜」、鷹潭三大名菜（上清豆腐、瀘溪魚、天師板栗燒土雞）、貴溪燈芯糕等。[311]

1. 瓷泥煨雞。相傳清代時，景德鎮的瓷工喜將嫩雞去皮，破腹後，在雞腹內填滿豬肉末及生薑、蔥花、麻油、食鹽之類的佐料，用荷葉包紮好，然後將紹興老酒淋入瓷泥中，拌勻後，用含酒的瓷泥將嫩雞及荷葉團團裹住，再將雞埋入剛開窯的熱窯渣中，煨烤十個鐘頭左右，便可取出。剝去瓷泥與荷葉，即可食用。這種煨雞，雞鮮骨酥，奇香四溢。後來，鎮內的一些菜館在總結瓷工們這烹調經驗的基礎上，又創出了更為先進的煨烤方

311 參見萬建中、劉筱蓉《贛江流域的民俗與旅遊》，第 103 頁；余悅主編《江西民俗》，第 130-136 頁；李國強、傅伯言主編《贛文化通志》，第 649-651 頁。

法，使瓷泥煨雞這一民間俗菜，逐漸升格為景德鎮最為著名的傳統名菜之一。它的特色在於：雞身完整，雞肉鮮嫩，酥爛離骨，濃香撲鼻，食不嵌齒。

2. 炒麥雞。撫州名菜，選用鮮活麥雞三只，去內臟洗淨，取下脯肉和頭部，將骨剁碎，連骨帶肉切成三分大小丁，把頭切成兩半，倒入六至七成油鍋內，炸至骨酥為止，配以半斤三分小丁水豆腐墊底，澆上姜蔥、蒜末、湯即成。此菜特色是色澤深黃，肉骨鬆酥，味香鮮美。

3. 臨川菜梗。撫州臨川的傳統民間特產，它以「天下一絕」、「不怕辣」而著稱。相傳宋神宗熙寧年間王安石出任平章事（宰相）時，常常以家鄉菜梗「不怕辣」招待同僚進餐，美譽傳至宋神宗，於是神宗命（宰相）家鄉臨川進貢來，嘗後大悅，御批為「天下一絕」。以芥菜梗為主要原料並配以辣椒、大蒜等辛辣佐料醃製而成，風味獨特，以辣為主，五味兼備，可備蔬菜淡季佐餐所需，也是平常解葷除腥開胃的最好小菜，深受臨川當地人民喜愛。它含有多種有機酸、維生素和礦物元素，屬粗纖維食品。具有增強腸胃功能以及預防直腸癌、減肥健美、降壓強體的特殊功效。「不怕辣」口感清脆、咸甜適中、沉香誘人、生津開胃、食用方便、衛生安全。

4. 臨川「牛雜」。自古以來就享有聲譽。據說北宋時期，宰相晏殊（臨川文巷人）就很喜歡家鄉的「牛雜」；民國時期蔣經國在撫州溫泉訓練新兵時，也很喜愛「牛雜」這道菜。現在臨川「牛雜」，以上頓渡羅家巷「牛雜」一條街最負盛名，也最具特色，羅家巷已成為臨川「牛雜」的代名詞。臨川「牛雜」品種

繁多，凡牛身上的都可入菜，如牛肚、牛腸、牛肝、牛鞭、牛筋、牛骨、牛腳等均可做成一道道美味佳肴，其中最有特色要數「紅燒牛鞭」和「牛百葉湯」。牛百葉性味甘平，有補虛弱、益脾胃、清熱解暑、開胃和中作用。製作「牛百葉湯」步驟：首先把牛百葉洗淨、切絲待用，配用柘菜絲、乾紅辣椒末、生薑等作佐料。在鍋內放入生薑、辣椒末、牛百葉爆炒一下，加清水適量，放武火煮沸後加入榨菜絲，再改用文火煲一小時，最後加入適量的調味品即可。該菜具有鮮、脆、辣、爽嫩而不油膩等特點，吃後回味無窮。

5. 鷹潭上清豆腐。製作豆腐在上清有著悠久的歷史，至今鎮上仍是作坊林立。據說在上清鎮建鎮前的西晉永嘉年間，當地有一戶農家，小兩口勤儉持家且感情甚篤。丈夫早晨下地前，妻子常將黃豆磨成豆漿放些鹽給丈夫充飢。有一次妻子要回娘家，就多磨了一些，將剩餘的裝入一個壇子裡蓋上以備丈夫第二天吃。可丈夫第二天下地時卻忘了吃。妻子回家時，見壇子裡的豆漿結成了塊，便要丈夫嘗嘗。丈夫邊說：「你這不是在逗我嗎？」邊用勺子舀出來一塊嘗嘗，覺得味道很好，贊嘆道：「太好吃了！」妻子打趣地說，「不是我逗你，你有這口福嗎？」丈夫一高興說：「那就管這結凍的『豆漿』叫『逗夫』吧！」後來夫妻倆便天天做起了「逗夫」當菜吃。妻子把「逗夫」的做法傳授給鄰里，經過不斷改進，便有了今天的上清豆腐。這裡的豆腐因水質好，加上傳統的手工工藝十分地道，過濾精細，含水適度，具有白、嫩、香、滑的特點，無論是煎、炸、煮、燉、燜、涼拌，都清香鮮美，柔滑潤喉，如果佐以黃牙頭魚、鮮豬肉、香菇、豆

豉、香蔥或辣椒，都是各有特色，風味十足。而做成油豆腐、黴豆腐、豆腐干、豆腐皮等，也是十分受歡迎的菜餚和小吃。

6. 鷹潭瀘溪活魚。「水至清則無魚」，而清水中有魚，這魚一定是特別鮮嫩。瀘溪河裡的魚就是如此。瀘溪河發源於崇山峻嶺之中，一路穿山過峽，卵石河床，毫無污染，清澈見底，所以河中盛產的鱅魚、鮭魚、黃角魚肉嫩味甘，沒有泥腥味，特別好吃，成為當地的名菜。

7. 天師板栗燒土雞。龍虎山出產的天師板栗，個大香甜，澱粉豐富，是歷代天師特別喜愛的果品和滋補品，素有「人間仙果」之稱。而用天師板栗與當地農家喂養的土雞相配，在文火中慢慢地燒出來的「天師板栗燒土雞」，油光發亮，清香四溢，是鷹潭的美味佳肴。這道菜的形成還有一個很有趣的故事。說是有一次天師在家宴請賓客，家廚用一般的烹調方式製作，當廚師配好料，將雞塊裝入砂缽放爐灶上燒製時，天師的兒子趁廚師不注意，調皮地將正在吃的去了殼的板栗放入砂缽內。燒熟後，整缽端上了桌，拿掉缽蓋後，一股清香撲鼻，只見雞塊色澤淡黃，栗香酥爛，客人一品嘗讚不絕口，天師也欣然得意。席後，命家廚進一步改進，使之成為酒宴中必備的菜。而且，這道菜可以滋陰補陽，健脾益腎，具有很高的營養價值。

8. 弋陽龜峰扣肉。二十世紀三十年代蔣經國的名廚涂光時所傳，因製作精細、風味獨特而流傳民間，具有濃郁的江南風味，是江南民間菜系中不可缺少的一道美味佳肴。

本品選料考究，以精選的上好新鮮五花豬肉為主料，配以龜峰特有的優質乾雪裡紅和多種天然名貴香辛調料，還有枸杞子、

甘草等中藥，經科學、先進、獨特的工藝精製而成，具有肉質嫩滑，油而不膩，醇香撲鼻，回味綿長之特色，以及存放便利，食用方便（冷熱皆可食）。

9. 貴溪燈芯糕。江西省五大名點之一，原料有糯米、白糖、麻油、肉桂、當歸、甘草、薄荷等二十多種，經過精工細作製成，形似燈芯，色澤晶潤，糕條柔軟，進口香甜，食而不膩，且具有活血提神，健胃順氣之功效。貴溪燈芯糕由於含豬油，可以點燃，同時又形似燈芯，故而得名。

除此之外，贛東地區的名菜名點還有撫州的墨魚粉皮、銀魚炒藕絲等，鷹潭的天師八卦宴、香菇活肉、貴溪捺菜、冬筍咸肉絲、宮中地雞、醃菜漿蒸蛋以及弋陽葛粉、荷包紅魚等等。

（三）贛西名食

贛西，大致包括萍鄉、新余、宜春以及吉安部分地區。這片區域，由於與湖南緊密相連，深受湖湘文化的影響，菜餚的搭配以及烹飪習慣，與湘菜十分接近。其中最有名的有萍鄉小炒肉、宜春松花皮蛋、蓮花血鴨、萍鄉花果、武功山燻肉。

1. 宜春松花皮蛋。又叫袁州蛋，因袁州府而得名，是宜春的傳統名牌產品，已有一百多年的歷史。從清朝光緒年間起就開始生產，經過改進，由原來手工操作，到現在半機械化生產，規模越來越大，花色品種也由灰皮蛋、松花皮蛋發展到水泡松花皮蛋、塗料皮蛋。宜春松花皮蛋，蛋白晶瑩透明，松花圖案美妙，蛋白、蛋黃層次分明，蛋黃凝而不固，聚而不流，蛋黃切面由內向外依次可見同心輪狀黑紅、豆綠、深灰、黑灰、茶紅五層深淺

不同的顏色，故又叫五色松花皮蛋。其質柔嫩，味美芳香、清淨可口，獨具一格。

2. 宜春炒紮粉。較之雲南的過橋米線、廣西的桂林米粉、兩湖和廣東的寬粉、福建的細粉，江西的米粉自有其一番天地。晚米收割上來之後，經過浸米、磨漿、濾乾、採漿等工序，做成一摞一摞乾的米粉，曬乾後的米粉綑紮成一紮紮，故稱紮粉，這樣也方便攜帶。乾的米粉煮後瀝乾變成濕的米粉，就可以開始了第二輪的加工，而炒紮粉最為風行。炒紮粉前，將乾紮粉用溫水浸發至手捏不易斷，抓一把豎起來不易軟倒為止。然後，洗清瀝乾待用。輔料有瘦肉絲、小白菜、嫩蒜苗，均切成寸長段。火候要適中，將豬油燒至六成熱時，倒入肉絲煸炒，依次加入蒜苗、小白菜，再加入少許湯料、醬油、紅椒末，成金黃色後，再放進紮粉拌炒。最後放入薑絲、胡椒粉、味精，澆上少許香油拌勻起鍋。宜春的紮粉，炒法看似簡單，但其水土所孕育出的獨特的韌性和香氣，卻是其他的米粉所絕不能有的。

3. 萍鄉小炒肉。小炒肉各地有各地的做法，尤其是江西、湖南兩地最愛吃小炒肉，萍鄉小炒肉最大的特點就是下飯，典型的萍鄉風味菜，鮮辣味美。萍鄉小炒肉受到湘菜的影響，以香和辣著稱，吃在口裡雖辣，但香氣四溢，具有濃郁的家鄉風味，回味無窮，瘦肉鮮嫩，很香，肥肉也不膩，大蒜清脆爽口，所有的味道都融合在辣中。

4. 萍鄉花果[312]。萍鄉花果具有悠久的歷史，為萍鄉所獨有的地方土特產。相傳早在幾百年前，當地民間許多家庭就喜愛將各類乾鮮蔬菜瓜果，醃製成各種佐菜食品，花果是其中之一。採用冬瓜、紅薯、蓮藕、扁豆、刀豆、豆角、蘿蔔、蘋果、柚子等幾十種蔬菜花果為原料，經過雕、刻、切、壓、織等造型藝術，加工成美味可口的食品。按照原料的形狀顏色，雕成各式各樣的成品，有形態逼真的飛禽走獸，有栩栩如生的花卉蟲魚，有玲瓏精巧的樓閣浮屠，還有鏤空剔透的繡球宮燈，真是千姿百態，不一而足。它們的造型美觀，種類繁多，僅雕花類就有「黃雀啄梅」、「蓮生貴子」、「雄雞報喜」、「蜜蜂採菊」、「雙魚戲水」、「花籃」、「單雙桃」、「梅花」、「兔」、「蝴蝶」等；壓花類有「喜鵲」、「蝴蝶」、「雙桃」、「百獸」、「樹葉」、「雙南瓜」等品種；切花類有「扇」、「皮球」、「嫦娥奔月」。萍鄉花果保持其原色、原形、原味，謂之「萍鄉原色原形原味花果」，它的特點是色澤鮮豔、品味純正、造型美觀、花紋精緻、營養豐富、儲存方便。產品具有化痰、止咳、健脾、開胃等功效，是高糖類、多纖維的食品。

5. 武功山燻肉。燻臘肉是萍鄉一種特有的飲食風俗。燻製的方法是，先將肉用鹽漬十天左右，若是腿肉，要用刀劃上幾條口子，將鹽漬透。爾後將肉懸掛在離火盆高一米處，用木柴、鋸

312 王舜笙：《萍鄉花果話今昔》，《萍鄉文史資料》第一輯，萍鄉市蘆溪區印刷廠一九八四年印本，第124頁。

末、谷殼等燻烤。燻烤時火候不可太大，宜文火慢燻，半月後見肉泛金黃色即可，再用清水洗去煙垢晾乾，食用時可蒸可炒。除燻製臘豬肉外，還可燻製雞、鴨、鵝、牛肉、狗肉、豬內臟等其他肉製品。

6. 蓮花血鴨。蓮花血鴨作為江西特色菜之一，是蓮花縣最出名的佳肴。民諺曰：「途經蓮花不嘗鴨，簡直讓人笑掉牙。」相傳南宋年間，丞相文天祥集師勤王，各路英雄豪傑聚會江西蓮花，共商興國大業，準備開帥旗飲血酒，因當時缺雞，遂以鴨血代之。當時伙頭軍裡有一廚師叫劉德林，覺得為文丞相擺酒接風，非同小可，於是心裡緊張，燒鴨子時由於慌亂將沒喝完的血酒當成辣醬倒了進去，但炒出的鴨子味道鮮美，文丞相讚口不絕，從此，「血鴨」這道名菜美名遠揚，也就一代一代傳下來了。

7. 樟樹藥膳。藥膳在藥都樟樹有悠久歷史，以烹飪集本草、食療、養生於一體而聞名遐邇，現已開發整理形成上百種品種，如：天麻童子雞、首烏補血蛋、神農八寶飯、蓮子百合肉等，分別有益氣補髓、養血生精、補益肝腎、健胃和中等功效，都是藥中珍品，又是食中美品，具有強身健體、延年益壽之功效。

8. 豐城凍米糖。江西豐城食品生產中享有盛名的地方傳統名優特產品。相傳已有兩百多年的生產歷史，始產當在清乾隆年間。以「江南小切」而出名。每年中秋一過，農村家家戶戶把糯米飯晾乾，炒成爆花米，用米糖拌黏，切成塊塊，待客解茶。這種糕點叫做「炒米糖」、「米花糖塊」。更講究者，用上等糯米飯

做成凍米「乾飯」，再用清茶油煎泡「乾飯」，使「乾飯」，變成爆花米，再用飴糖黏結，冷卻後用薄刀切成小塊，前後經過半成品和成品共二十個工序加工而成，俗稱「小切」。後來改名為「凍米糖」。據一九四九年二月四日《民國日報》載：「豐城凍米糖自農曆八月十六日上市至二、三月為止，一直行銷本省及滬、港一帶，是茶會中的應時細點，又是舊時拜年送禮的佳品。」

9. 永新狗肉。永新狗肉的味道得到美食家的贊賞，不僅列為江西名菜，而且也列入中國名菜。據說，飽食了山珍海味的末代皇帝溥儀，也愛吃永新狗肉。中華人民共和國的副總理陳毅，因熟知永新狗肉味美，曾用這道菜招待西哈努克親王等國賓。蔣經國在台灣，也曾專請永新人做永新狗肉吃。永新人燒狗肉頗有講究，大體分為烹、燒、炒三種。大狗則烹，切的塊頭也大；小狗則炒，切得較為細碎。紅燒者，則不論大小均宜，把狗生殺後，狗血瀝在酒裡，也不剝皮，去毛後用早稻稻草燒烤，然後剖取內臟洗乾淨，剁成小方塊，在鍋裡用清油武火煎炒，再加水文火慢燜，加入血酒，放上辣椒、八角、橘皮、桂皮等。煨爛了，出鍋裝盤再撒胡椒粉。這樣燒出的狗肉，吃起來嫩嫩的、香香的，油而不膩，飽而不厭，其味道美不可言。

10. 永豐宸肉。隆冬時節，永豐老表特別喜歡吃一種既是豬肉，卻不見肉的菜，即宸肉，它色澤雪白，清香嫩滑，吃起來爽口不膩。相傳宋代年間，宋隆祐太後來到永豐縣城避難，她見永豐街上豬肉特別多，便提出要吃「不要精、不要肥、不要骨頭、不要皮」的豬肉，後來一位蘇姓廚師居然做成這種菜。它的做法是：把肉按肥的、瘦的、皮和骨頭一一分開，骨頭放在大鍋底

下，第二層放瘦肉，第三層放肥肉，最上層放肉皮，加滿水，用木盆蓋緊，使其不漏氣。開始用旺火，水沸後，再用文火，這樣燉上兩個時辰，然後取出，肥肉和肉皮用刀搗爛。瘦肉用手撕爛，骨頭剁取碎肉，一起放在木盆裡，加上鍋裡的原汁湯，再用竹片不停地來回攪拌，慢慢地肉和湯混合在一起，最後變成雪白的一盆宸肉。[313]

11. 井岡山的紅薯絲飯。紅薯絲飯是從前井岡山區的傳統主食，新中國成立前，當地就流傳著一首民謠：「薯絲飯，木炭火，除了神仙就是我。」這首民謠反映了當年井岡山區的清貧生活和山區居民追求起碼的溫飽生活的意願。先將紅薯洗淨，刨成細絲曬乾，做紅薯絲飯時先將大米下鍋煮至五成熟，用筲箕撈出，再將紅薯絲拌於剛撈出的米飯內，用木甑蒸熟。蒸好後的薯絲飯，噴香津甜，初吃尤其覺得有滋味。薯絲與大米比例，可多可少，隨主人經濟狀況而定，一般為一比一左右。新中國成立前，黃坳、下七山區客籍人糧食緊缺，飯中拌入薯絲較多，甚至有「三根薯絲扛粒米」的形象說法，新中國成立後黃坳、下七為林區，林區缺糧農戶，多由國家返銷糧食，主糧以大米為主，紅薯多用來加工薯片或用作飼料。薯絲雖然比過去少了，但勤儉的客籍人民，有時也會曬點乾薯絲，嘗嘗薯絲飯，換換口味。

總體來說，贛西的美食，普遍深受湖湘文化的影響，偏向於

---

313 吳菊聲、李怡平：《永豐傳統的名點名菜》，《永豐文史資料》第四輯，永豐縣印刷廠一九八九年印刷本，第 **97-98** 頁。

湘菜的特色，卻一直保有自身的魅力，讓人每到這塊紅色土地之上便會垂涎三尺，流連忘返。當然，還有一些地方美食讓人回味無窮，如冬筍炒臘肉、萬載三黃雞、樟樹清湯、高安腐竹、宜豐燒賣、萍鄉米粉肉、美味洋辣椒等等。

（四）贛北美食

贛北，江西的北部，大致包括九江以及景德鎮和上饒的部分地區，如鄱陽等地。贛北，一塊碩大的平地，號稱贛北平原，盛產魚類，理所當然，此地的美食離不開魚。

1. 潯陽魚席。潯陽樓，位於九江市區北部長江邊的龍王墩地段，建於宋朝。因宋江在潯陽樓酒醉題反詩、李逵揮斧大鬧此樓而聞名天下。此酒樓的「潯陽魚席」素享盛名。全部酒席的冷盤、熱炒、大菜、湯和點心所用主料均是鮮魚和蝦蟹，色、香、味、形獨具特色。魚席的主要菜譜有：冰糖魚脆、清蒸鯽魚、花釀魚肚、潯陽魚塊、鄱湖魚絲，肉油鱖魚、蝴蝶魚片、三杯甲魚、叉燒鱖魚、糖醋鱖魚、網油魚排、紅燒鱔段、過橋魚糕、金蟾魚餃、魚皮燒賣。相傳宋代時「潯陽樓」酒家便以魚席著稱，宋江等梁山好漢曾登樓飲酒賦詩，品嘗魚席。潯陽魚席的主要名菜有：魚面、清蒸鰱魚及鯉魚跳龍門等。魚面的製法為：青魚一尾，去刺，脫鱗，洗淨。先切成條狀，再斬成魚泥。稍放一刻鐘，倒入三分之一的豆粉，進行搗拌，均勻後加入佐料，搋成麵條，入沸水鍋中即成。清蒸鰱魚是取新鮮鄱陽湖鰱魚兩條，開肚洗淨，把打下的魚鱗用網髻裝起來，放在魚肉上，置鍋內清蒸即成。鯉魚跳龍門是取活蹦鯉魚一尾，開肚，脫鱗，洗淨，留腮。

操作時手腳要快，不能讓魚死去。兩手分別抓住鯉魚的頭和尾，放入沸油鍋炸魚身。肉熟，放至盤中，迅速加入佐料便可。這時，鯉魚在盤中仍然張口和擺尾。

2. 建昌東坡肉。永修古稱建昌，城鎮鄉村，適逢酒席宴會，總有兩大碗用稻草紮著的大塊豬肉上桌。其式樣別致，肉色清爽，入口香酥綿糯，湯汁鮮美可口，尤為沁人肺腑，當地人把它叫做「東坡肉」。當地流傳：蘇東坡在永修農家作客時，主人熱情款待他。一日，他臨窗賦詩，細敲字句，主人從集上買了幾斤豬肉，並用一束稻草紮好，興沖沖地回來，順便問了一聲：「先生，這肉怎麼弄著吃？」蘇東坡作詩入迷，口中不斷一字一字地念道：「禾、草、珍、珠、吐、新、香……」主人卻將這七字組合理解為：「和草整煮透心香」。待這碗菜上桌時，蘇東坡頗覺別致，問主人道：「這菜怎麼做？」主人說：「我是按先生剛才的意思去做的。」蘇東坡恍然大悟，哈哈大笑。不久，這段佳話在民間傳開，農家人也相仿將稻草紮肉煮著吃，於是乎演繹出一道千古名菜，戲稱「東坡肉」。[314]

3. 鰣魚。鰣魚為回游性魚類。明代醫藥名著《本草綱目》有著這樣的記載：「初夏時有，月餘即無，故名鰣魚。」鰣魚的外形扁而長，大的長達半米多，腹薄如刃，鱗粗而亮，脂肪豐腴，色白如銀，古時亦稱「銀光魚」。與其他魚不同的是它的頭上有個美麗的紅點。吃鰣魚得吃新鮮的，先備好漁具和炊具，當

314 張軒主編：《九江市風俗志》，第 26 頁。

鰣魚汛發時，舉網得魚後，立刻烹調，就在船上品食，其味美絕倫。製法是：取鰣魚中段，用刀刮除腹壁內血污，洗淨，千萬不要去鱗。燙鍋後放豬油至熱，下魚略煎，加蔥、姜、春筍片稍燜。再加酒、醬、糖、鹽、清水，加蓋燒沸。再移回旺火燒到汁濃，下味精，用淀粉著稠即可。其色深紅，肉肥鮮嫩。

4. 與潯陽樓有關的還有一道名菜，即潯陽水滸肉。「水滸肉」是將裡脊肉切成長片，刀面拍松後用佐料醃漬半小時，然後拍粉掛蛋清糊，再沾淀粉入沸水鍋中氽熟，取出扣入碗中，上籠蒸約半小時。出籠後扣入盤中，掛辣椒香油芡汁即成。其特點是肉片滑嫩爽口，薑、蔥、蒜香味濃郁，鹹、鮮、辣、酸、甜諸味融為一體，別有風味。相傳《水滸傳》裡的及時雨宋江，曾在江洲潯陽樓就餐，唯對「家鄉肉」萬分稱贊，把杯痛飲之際，詩興大發，寫下了遭殺身之罪的「反詩」。後來江州百姓為紀念這位好漢，便把「家鄉肉」改名「水滸肉」。如此代代相傳，沿襲至今。[315]

5. 鄱陽湖流浪雞。流浪雞是一道傳統名菜。它選用嫩仔雞一只，宰殺剖腹，去毛洗淨，晾乾後用開水反覆燙煮三四次，熟後取出切成條狀，然後按雞的形態拼盤。另外將雞肫肝洗淨切成薄片，放入鍋內氽熟，再以蒜、蔥、椒、薑細末及香油、醬油、醋、鹽、白糖、味精等拌和調勻，澆灑在拼盤上即成，該菜色澤淡紅，鮮嫩爽口，微酸稍辣，風味獨特。相傳元末，朱元璋、陳

315 張軒主編：《九江市風俗志》，第 26 頁。

友諒大戰鄱陽湖，方圓幾百裡湖面，殺機四伏。在一次惡戰中，朱元璋吃了敗仗，在喪魂落魄中，倉皇逃奔到湖邊的一個村莊。此時人困馬乏，肚腹中空，其部下便走進一間茅屋，向一老婦乞食，老婦見這一行軍人十分可憐，便將唯一的一隻嫩仔雞殺掉，並按當地傳統做法，煮熟後送上桌來。朱元璋一行吃到這種雞，連聲稱道，鮮辣爽口，味道鮮美。後來，朱元璋做了皇帝，為感謝這位老婦在他落難時的款待，厚賞於她，並御賜她做的菜為「流浪雞」。[316]

6. 盧山三石宴。盧山名菜，利用盧山特產三石——石雞、石耳、石魚烹調的具有地方風味的名菜佳肴。石魚巢棲飛潭深瀑的石隙，大者寸許，小者三、四分。石魚炒蛋，色澤金黃，味鮮香美，風味別具一格，是產婦難得的滋補品。石雞生活於陰澗岩壁洞穴中，體肥，肉嫩，含脂肪少，糖分低。炸石雞係選其後腿，拖上蛋糊，粘上乾麵包粉，投入油鍋炸熟，此菜同椒鹽、番茄醬一同上桌，色金黃，外酥內嫩，其味鮮嫩如雞。石耳屬地衣類，狀似地耳，含膠質、鐵、磷、鈣及多種維生素。素燴石耳以石耳、紅棗、蓮、冬筍、髮菜、百合、花茹、白菜等燴燒而成，其味鮮美爽口，多吃不膩，久吃不厭，是素菜中的上品。

7. 小喬燉白鴨。九江特有的名菜。相傳三國時期，周瑜率軍駐紮柴桑，其妻小喬將白鴨配以澤蘭、冬蟲夏草等燉製成一道滋補菜餚，作周瑜滋補身體之用。因此，這道菜就被稱為「柴桑

316　張軒主編：《九江市風俗志》，第 27 頁。

鴨」，也就是今天的小喬燉白鴨。湯味鮮滑，鴨肉肥而不膩，酥爛香濃，讓人回味無窮。

8. 蘿蔔粑。九江地方鄉土傳統小吃。就是用上等大米不用磨子而用臼舂碎粉，再過篩篩成細粉，再蒸熟，然後不用涼水而用熱水將米粉揉和成一個個半拳頭大的圓團。另用剁碎了的新鮮白蘿蔔丁，加上新鮮的紅辣椒丁、蒜泥丁及醬油、鹽等調料用油鍋炒熟製成餡子，包進米粉團中，放在蒸籠上蒸熟。個中最重要的技巧是餡。要會包、會捏，使米粉皮厚薄均勻，均五、六毫米厚，餡子包捏在中間不偏不倚。包好後逐個放置蒸屜中，一個個、一圈圈整齊地碼好後，再端到鍋上用旺火蒸熟。食用時左右手同時用兩雙筷子夾斷互相接觸之面，再用筷子托起蘿蔔粑，一個個的放入盤中，吃幾個夾幾個，否則因為皮薄極容易破碎。一般技術不熟練的人是做不好的。九江人吃蘿蔔粑也很講究。一般學生上學或路人在攤子上買幾個蘿蔔粑，攤主就用乾荷葉裹好讓客人帶走。而稍有空閒、有意品嘗風味的食客，則坐進店中，叫上幾個剛出籠、熱氣騰騰的蘿蔔粑，用盤子端將上來。粑店早在桌子上就備有小磨香麻油、辣椒醬之類的佐料。食客右手執筷子，左手拿調匙，夾起一個蘿蔔粑放在調匙裡，然後用筷子在蘿蔔粑上摳個小洞，再提起白瓷青花小麻油壺淋進幾滴香噴噴的小麻油，便慢條斯理地一口一口吃將起來。愛吃辣者，還可以加上一點辣椒醬。這熱乎乎、辣呵呵、香噴噴、味鮮鮮的一頓早餐就這般享受了。

9. 九江茶餅。起源於宋朝廬山區姑塘鎮；繁榮於明清時期，九江、星子皆盛產；昌盛於現代。是江西四大糕點之一，採

用傳統配方；它選用當地茶油、本地麥麵、坡地黑芝麻、百年桂花為主要原料，採用傳統工藝和現代技術研製而成。宋朝詩人蘇東坡曾賦詩贊譽：「小餅如嚼月，中有酥與飴。」其色澤金黃，具有小而精、薄而脆、酥而甜、香而美的特點。由於散發著茶油的清香，丹桂的芳香及純鹼、蘇打的奇香，故被人們稱為「四香合一」的茶食精點。

10.修水哨子。是修水縣一種傳統而富有特色的美味食品。凡到修水的人無不想美餐一頓哨子，而好客的修水人常以哨子佳肴來禮待自己的客人。只要是親口嘗過哨子的人，無不為其皮嫩、餡香、爽口而稱贊不絕。相傳夏禹時代，修水地區山洪暴發，農田、村莊被毀，作物顆粒無收，農民靠上山採野菜野果為生。後大禹來到修水，組織群眾治理好了水患。當地群眾十分感謝大禹治水的功績和恩德。可在那荒山災月裡又拿不出好東西來供獻。大家想到治水期間，多少個日日夜夜，大禹和群眾一起辛勤治水，連餐飽飯都沒有吃，很是過意不去。當時面對山高林密，有位老農提出，大家上山搞點野味來為大禹送行，略表民意。就這樣把挖來的野山芋煮熟做成皮子，把野獸肉切成餡子，包成一種食品，外形上尖下圓，取名為哨子，上奉大禹。大禹和大家吃後覺得味道很不錯，從此以後修水人會做也愛吃哨子。自古至今，代代相傳，而且越做越好吃，成為修水食品一絕。現在逢年過節，親朋往來，重大喜慶，修水人都興做哨子，以示慶賀和款待親朋。不過時至今日修水人吃的已不再是和野山芋和野獸肉做的哨子，隨著生活水平的提高，哨子的用料也越來越講究，

在製作上也大大做了改進。[317]

　　總體來說，九江地區有江有湖，故此特別擅長烹製河鮮，野禽，其代表菜油燜大頭蝦、清蒸鯽魚、滑炒天鵝肉、醉蝦、臘汁雞塊、熏野鴨等。口味以鮮嫩、清淡為主，講究形態完整。特色小吃見於食譜、民間的不下數百種，有些歷經百年、有些紅極一時，比如蘿蔔粑，曾經征服過長江中下游無數張嘴；再比如炒米兒，一直是九江人零食宵夜居家旅行的全天食品。

（五）贛南名食

　　贛南包括贛州以及吉安與贛州相交接的部分地區。作為山清水秀的贛南革命老區，其名食也是美味俱全。贛州菜是以客家菜為主，同時又吸收了粵、川、蘇三大菜系的長處之後，形成了具有獨特風味的菜餚。客家菜中口味濃重的特點，粵菜中講究鮮的特點，川菜中講究辣的特點，蘇菜中講究原汁、原味的特點，均在贛州菜中得到了充分體現。贛州菜選料嚴格，刀工精細，講究火候，製作程序規範，有鮮嫩、爽滑、脆、香、辣、原汁原味等特色。

　　1. 贛南小炒魚。贛州有星羅棋布的山泥塘，盛產草魚。草魚肉質嫩、腥味小，是魚製菜餚的好原料。用這種塘魚烹製小炒魚別具風味。贛南小炒魚是明朝凌廚子首創的地方風味菜，也成為贛南的第一大名菜。相傳王守仁在贛州任巡撫時曾聘用凌廚子

317　張軒主編：《九江市風俗志》，第 44 頁。

做菜。凌得知王愛吃魚，就經常變換烹飪魚的做法，深得王的賞識。有一次，凌炒魚放醋，別具風味，王吃後十分高興，就把凌叫來，問道：「這道菜叫什麼名字？」凌心想這是小酒（贛州習慣稱醋為小酒）炒魚，於是隨口應道：「小炒魚」。這道菜也因而得名。[318]小炒魚選用鮮草魚，去頭去尾，批成塊狀，配以生薑、四季蔥、紅椒、醬油、小酒等佐料烹飪而成。其特點是色澤金黃、味鮮嫩滑、略帶醋香。不僅本地人喜愛，海外歸僑也以一嘗「小炒魚」為快。贛南小炒魚與魚餅、魚餃合稱三魚。

2. 寧都三杯雞。歷史悠久，風味獨特，為寧都宴席用菜，已成為江西名菜。寧都黃雞原名寧都三黃雞，因羽、脛、喙「三黃」而得名，早在南北朝時就有飼養，至今已有一五〇〇餘年的飼養歷史。關於「三杯雞」的傳說，有兩說：一說「三杯雞」的故事起源於贛州市的寧都縣。二百多年前有一戶農家，姐弟二人相依為命，姐姐對弟弟十分疼愛。一天，弟弟要外出謀生，臨行前苦於家貧，姐姐做不出更多的菜餚為弟弟餞行，就將家中僅有的仔雞殺了，剁成小塊，連同內臟盛在一小砂缽裡用文火燉。沒有調料，她就放了一杯自釀的米酒、一杯醬油、一杯油。燒沸時香氣四溢，隔壁一位在官府做廚師的熊某，聞香而來登門拜訪，恰逢雞熟，廚師品嘗了一塊，味道鮮香無比。這位官廚將這道菜用於酒宴，深受賓客贊譽。從此寧都「三杯雞」名揚四方，被編選入《中國名菜詞典》。另一傳說，抗元將領文天祥因戰敗被

---

318 邱起歲：《贛州地方名菜「小炒魚」》，《贛州文史資料》第四輯，贛州印刷廠一九八八年印刷本，第100頁。

俘，囚在北京大牢裡。一天，獄吏引了一老太太前來探監，在獄中做了家鄉菜「三杯雞」慰問文天祥。後來，獄吏回故鄉江西，每年在文天祥就義的十二月初九日，必烹製「三杯雞」祭奠文天祥，因而，也使這道菜流傳至今。此菜的製作方法是：將雞宰剖洗淨切塊，放入陶缽中，加鹽適量拌勻，放入油、醬油、米酒各一杯，薑片三到四片，蔥白放在雞肉上面。陶缽放在旺火之上，待缽內的湯汁煮沸後，即轉文火收汁。期間，應將雞肉翻動數次，以防燒粘缽底。雞肉燉爛後，去掉薑、蔥，淋上少許麻油即可上桌。此菜以其色澤紅潤光亮，質地滑軟細嫩，原汁醇厚，香味濃郁而聞名。

3. 四星望月。此款菜屬興國傳統名菜。其主菜為米粉魚，外加四個炒菜。米粉魚居中，代表月亮，四個炒菜分擺四周，代表星星，猶如星圍月轉。此菜色澤鮮豔，綠紅相映，味道微辣，質地脆嫩，富有興國特色。一九三二年，毛澤東在興國長崗等地調查期間，陳奇涵同志請毛澤東到他家做客。陳母做了一籠「米粉魚」置餐桌中央，四周擺上四碟菜。毛澤東邊吃邊讚揚味道好，詢問菜名，陳母一時說不上，只是微笑。毛澤東風趣地說：「就叫『四星望月』吧。」從此，「四星望月」就在興國縣傳開了。

4. 文山里脊丁。相傳，此菜最早是對烹調素有研究的南宋丞相文天祥的創製。他喜歡食用嫩豬肉，在贛州任知府時，自己下廚製作了「炒里脊肉丁」一菜。後來人們為紀念他，取用他的號「文山」稱此菜為「文山里脊丁」，沿傳至今。此菜用豬里脊肉和辣椒滑炒而成，成菜色澤白中帶紅，肉質嫩而爽滑，滋味鮮

而香辣。先取用豬里脊肉，洗淨，切成肉丁，加蛋清、精鹽、淀粉拌和上漿，將紅辣椒去籽，切成與肉丁相同的丁。炒鍋燒熱，下豬油，下肉丁滑油取出，瀝乾油，鍋內舀油少許，下辣椒丁煸炒，下蔥段，加酒、肉丁、鮮湯燒沸，用濕淀粉勾芡，淋上熟油即成。

5. 興國魚絲。興國縣是客家人的聚居地。興國魚絲是當地一道具有鄉土特色的客家菜。興國魚絲有個別名──「與你相思」。相傳很久以前，興國縣有位聰明的女子，嫁給了一個船工為妻。因為丈夫經常出門在外，為讓他不貪戀外面的繁華世界，不忘家，便仿效製粉乾的方法，以魚肉和薯粉為原料，精心製成魚肉粉絲，並取名為「與你相思」，讓丈夫帶著在路上食用。丈夫每吃到魚絲，就會想起家中的嬌妻，所以，總是按時回家與妻子歡聚，絕不留連在外。左鄰右舍的女人們，紛紛向船工妻子取經，興國魚絲的做法也流傳開了。魚絲的製作方法頗有講究。用草魚剔除頭和骨，將魚肉剁成肉醬，摻拌適量薯粉，做成大塊，加熱蒸熟，並晾乾至不黏手時，把它切成絲條，最後曬乾儲存。烹調時用鮮肉湯或鮮雞湯伴煮，適當配料，還可油炸、涼拌。因為「魚絲」與「余思」諧音，意即我思念你。所以，至今興國老表出遠門，家人都要煮碗魚絲餞行，表達「游子在外，永遠思家」之意。旅居海外的同胞回鄉探親，回去時也要帶上幾包魚絲，以便經常品嘗到家鄉特產，寄托懷故思鄉之情。

6. 信豐蘿蔔餃。信豐縣有名的一種獨特風味小吃，以其軟、嫩、香等特點，長期以來既受當地人的喜愛，同時也吸引著南來北往的賓客。因氣候、土質等因素，信豐一直盛產蘿蔔，其

個大、皮薄，甘甜、汁多，長期以來，當地人不斷嘗試和變換著蘿蔔的吃法。信豐蘿蔔餃的具體誕生年月已無從考究。一種說法是，上世紀初，該縣嘉定鎮水東村一吳姓村民憑多年的經驗，摸索出了一套蘿蔔餃的製作工藝，其做出來的餃子風味迥然不同以往當地的餃子，令人品嘗之後難以忘記，一時名聲大噪。新中國成立後，該縣國營餐飲龍頭企業——水東飯店特聘吳姓家人專做蘿蔔餃並進行技藝傳授，由此，信豐蘿蔔餃得以長足發展，成為當地餐飲業的一大品牌。

7. 龍南珍珠湯。採用龍南生產的紅薯加工成精製的薯粉，灑水成珠，篩成丸，曬乾定型，取大小均勻似珍珠的封存待用，保質期甚長。烹飪時，用已開而不沸的水汆煮，待到丸珠仍留微小白點核時，取出納入涼水中浸泡，加以鬆散，至粒粒如魚眼時，再入高湯中烹飪上碗，放上香油香料，即成滋補降壓、消腸開胃的價廉物美佳肴。關於其名稱由來，當地流傳著這樣一種傳說：相傳贛州龍南的百丈龍潭的龍頭魚，在清康熙朝後一直被列入貢品，至道光某年間，龍頭魚豐收，進貢數量多，質量好，皇上頗感徐家徵繳有功，特派欽差大臣來龍南賜賞。由於山路崎嶇難行，加上夏日炎炎，欽差來到關西徐思莊家已是日近黃昏，山村市集早已收市，徐家廚師於是燉煮龍南地方名菜「珍珠湯」給欽差消暑解渴。欽差嘗一口頓覺腸胃舒適，勞累盡消，俯視碗中，只見珠丸累累，閃閃發光，食之潤滑，柔中帶韌，清淡香甜，回味無窮，甚覺稀世珍肴。即詢：「此是何佳肴，其名叫甚？」徐思莊為取寵欽差，便告之這是龍南民間的地方菜餚，並求予菜名，接著回說「是龍眼湯」。進而闡述：「此湯是取百丈

龍潭的龍頭魚之目烹調而成，故名龍眼湯，用以孝敬大人。」欽差聽後深感徐氏的厚意深情，又覺菜名不妥，忙回道：「此菜雖好，但菜名犯上」。徐氏聽後，精神緊張，起立作揖，祈求欽差海涵海諒。繼而言之：「此菜並非貢品龍頭魚之目所煮，是龍南民間的地方菜餚。」接著略述了製作方法，烹調技藝，食後對人體滋養功能。欽差受了徐思莊的阿諛奉承和熱情款待，幾經推敲後說：「還是遵循龍南民間命名，叫珍珠湯為好。」[319]從此，珍珠湯或珍珠粉沿用至今。

贛南的美食普遍居多，除此之外，還有贛南麻通、南安板鴨、南康辣椒醬、龍南珍珠湯，而且這些歷史悠久的美食菜譜都會有他美麗的傳說，讓這些美食更為飄香。

贛菜作為中國美食文化中的一朵奇葩，有原汁原味的南昌菜、唇齒留香的吉安菜，回味無窮的撫州菜，味濃香醇的婺源菜，多姿多彩的贛南菜，口味醇厚的景德鎮美食、滲有湘菜風味的宜春美食，紅通通火辣辣的萍鄉美食等，這些美食，展現出了江西老表最樸實的民情風俗。從特色飲食，我們可以窺探出江西民眾對於飲食的講究，追求飲食的原汁原味。

悠悠贛江，浩瀚的鄱湖，沖積成了贛都大地，這一方水土孕育的飲食文化正在被越來越多的朋友所認可，它體現的是一種濃郁的山水情味，是一種炙人心懷的濃烈鄉情。盡管贛菜不在傳統

---

319 沈志京：《龍南名菜——珍珠湯史話》，《龍南文史資料》第一輯，龍南縣印刷廠一九八八年印刷本，第66頁。

的八大菜系之列，但她的文化底蘊，她的技術風格都透射出江西山水的靈秀和誘人的韻致。

第五節 ▶ 飲食品製作工藝

「王者以民為天，而民以食為天」，飲食是人類最基本的生存方式。江西位於長江中下游交接處的南岸，為亞熱帶濕潤氣候，加上河湖眾多，適宜種植水稻和發展水產業，一向被譽為美麗富饒的魚米之鄉。

江西在古代地理上處於「吳頭楚尾」，在民俗文化上兼容了吳越文化、湘楚文化以及周圍地區的民俗文化。在長期的生產活動過程中，本地區勞動人民在立足於本地物產資源的基礎上，結合自身的喜好，並融合周邊地區的影響，形成了獨具風味的贛味飲食特徵，湧現出眾多的具有地域特色的民間特色飲食品，因而也形成了許多地方特色飲食品製作工藝，茲舉數例如下[320]：

一、永新縣「和子四珍」

永新「和子四珍」就是永新民間用自己生產的農副產品醬後曬製而成的綠色營養食品，產生於東漢前期，距今有兩千多年歷史。「和子四珍」即醬薑、醬蘿蔔、橙皮、蜜茄，是用嫩生薑、

---

320 以下資料主要來源於中國非物質文化遺產名錄數據庫系統，網址 http：//fy.folkw.com/Step1.asp?SId=8

白蘿蔔、橙子、茄子、糯米、蜂蜜、白糖為原料，醃好曬製而成的。它既有果脯類食物的共性，直接食用，甜而不膩，又有乾貨醃製保健類食物的特性。蒸熟吃（蒸雞、蒸肉、蒸泥鰍等均可）滋補、養胃健脾、滋陰補虛，有一定藥理功效。永新「和子四珍」在唐開元間就被永新歌手許和子帶入宮內，深受唐玄宗、皇後及李白等著名人物贊譽，唐玄宗還特意賜名為「和子四珍」。「和子四珍」有獨特的製作技藝，它要經過起醬、原料加工、配制、曬、蒸、收壇、起沙等七道工序，九曬九蒸方可成品，每道工序都有講究。

二、吉安市薄酥餅

　　吉安薄酥餅是吉州區的傳統名特產品。元代末，每逢中秋佳節，吉州城裡的糕點師傅們都會聚集在錦慶堂中的彌公祠，祭祀廬陵糕點鼻祖「彌公」，本地生產的薄酥餅是祭品之一。到清末民初，吉安薄酥餅主要由四家作坊生產：福泰隆糕點行、糕點商場、介福商場、福貿商場。新中國成立後，主要由吉安市食品廠生產。一九八二年收入《全國名特產品》，一九八八年獲首屆「中國食品博覽會」銅獎。

　　吉安薄酥餅歷史悠久，餅為圓形，有大小兩種規格。選料及配料較為講究，採用精麵粉、純豬油、白糖、白芝麻、花椒、五香粉、香蔥、細鹽等原料，餅芯不摻麵粉。用精麵粉揉皮，包上酥心，到製成餅，需經過三十二道工序。吉安薄酥餅具有香、甜、薄、酥四大特點：（1）香而不刺；（2）甜而不膩；（3）薄而不虛；（4）酥而不散。

三、峽江縣米粉

峽江縣龍下村位於峽江縣城西南方，全村十二戶人家均以生產「傳統米粉」為業。它選用本地優質晚米為原料，採用龍下獨有的特色水源，經浸泡、磨漿、過濾、捏團、蒸煮、搗爛、榨細、攤曬、開漿、紮綑等十餘道工序精製而成。據史載：明正德年間，朱厚熜奉諭南巡監軍，行至江西省峽江縣龍下村，日暮投宿農家。是夜，鄉民以米粉煮雞蛋相待，食後餘香不絕，君臣為之驚嘆，齊稱稀世佳肴。嘉靖年間，明世宗朱厚熜登基後，常思重品峽江龍下米粉之美味。世宗詔諭江西，每年以峽江龍下米粉貢獻當朝，故峽江龍下米粉始有「貢粉」之稱。

清同治十年《峽江縣志》載：「峽人善造米粉，細白勝於他處。」新中國成立後，峽江龍下米粉盛名不衰，新版《辭海》「峽江」條也有「農林產以稻、油茶為主，特產米粉」的敘述。歷年來，龍下米粉在國內外頗負盛名，市場上供不應求，一九八六年峽江米粉在世界博覽會上喜獲銀獎。一九八五年、二〇〇三年在江西省大型旅遊產品推介會上均獲「優秀旅遊」產品獎。

四、萍鄉市花果

萍鄉花果歷史悠久，是傳統手工藝食品的典型代表。既具有食用價值，又具有觀賞價值。它是由柚子、橘子、辣椒、冬瓜、南瓜、蘿蔔、馬鈴薯、刀豆、藕、木瓜、地瓜、青菜梗、鵝明豆等四時果蔬的根、葉、莖、花、果實經過（選料、洗淨、切疊、擠壓、雕刻、編織、水浸、燙煮、保色、定形、糖醃、烘烤）十

道工序手工精製而成。

　　製作成的花果色澤鮮美、造型獨特，口感甜脆，加工後不破壞原有的營養成分，特別是一些用橙腔、薄荷、紫蘇等做的花果，還具有祛寒止咳、清熱解毒、健脾開胃的治療保健功效，是名副其實的綠色保健食品，是大眾休閒、饋贈親友和招待客人的珍品。就手工工藝而言，萍鄉花果作為傳統食品在全國是唯一的，人稱「中國一絕」。其花型有的似剪紙，有的似鏤空玉雕，但它比這一類藝術品更質樸、更粗獷，共可製作花型一百餘種。

　　花果據說已有千年的歷史，真正有史料依據的傳承關係，是一九一四年歐陽子裁和他的子女們開設於萍鄉城鳳凰街月光塘的「日新德」花果店。所製作花果品種繁多，工藝精湛。外來客商來此成批購貨銷往外省地，有些甚至遠銷東南亞。據市志記載，一九三〇年「日新德」花果曾在巴拿馬國際博覽會上獲獎。一九八四年萍鄉市花果廠成立後生產的花果又多次參加國家、省、市評比獲得獎勵。其產品遠銷香港、台灣、日本、馬來西亞和加拿大等地。花果曾兩次作為對台宣傳品空投到金門馬祖台港島。

　　花果的生產工藝難以為現代技術替代，它蘊涵著獨特藝術基因，是一份極其寶貴的歷史遺產。它的豐富內容和基本特徵及其傳承歷史，在中國傳統工藝中實屬罕見。

五、安義縣黃洲宗山米粉

　　米粉是江南百姓十分喜愛的傳統食品，出產地眾多，南昌地區中首推安義縣黃洲鎮宗山米粉質量佳。據清同治十年的《安義縣志》云：「米粉出處甚多，宗山最好」，宗山米粉手工精製，

歷史悠久，源遠流長。據宗山壟《楊氏族譜》記載：「北宋初年，北宋四賢之一的工部侍郎楊靖公，棄官歸隱故里，始創製米粉為業，並以家庭世業相承」。經世代相傳，逐漸形成了獨具一格的地方風味特產「宗山米粉」。該米粉選用當地純天然的優質稻米和地下泉水，經過浸、磨、濾、煮、團、榨、曬等一系列手工工藝製作而成。

安義黃洲宗山米粉製作技藝則可追溯至北宋，經世代相傳，逐漸形成了獨具一格的地方風味特產「宗山米粉」。這門手工加工工藝一般為父業子承，秘不外宣，包括淘米、浸米、磨漿、濾漿、揉團、榨粉等八道工藝，其色澤潔白、柔軟滑爽、燒之有物（發水好），善於吸收佐料的味道，口感宜人、風味獨特、可煮可炒。[321]

工藝考究細緻，不含防腐增加劑，它的顯著特點是：色澤潔白、柔軟滑爽、燒之有物（發水好），善於吸收佐料的味道。

六、廣昌縣白蓮

廣昌縣位於贛東中部邊陲，撫河（盱江）源頭，平原與丘陵交錯，無霜期長，光照充足，非常適宜蓮子生長。廣昌白蓮種植歷史悠久，史載始於初唐，最初由紅蓮變異而來，至今已有一千三百多年的歷史。[322]「唐儀鳳（676-679）間，居人曾延種紅蓮，

---

321 《安義縣志》第八篇《工業》第三章《主要工業》第五節，糧油加工，三秦出版社二〇〇七年版。

322 《廣昌縣志》卷十三《三大特產》第一章《通心白蓮》第一節，資源開發，上海社會科學院出版社一九九四年版。

數載忽變為白，延舍宅、田為寺」[323]，為白蓮出現的最早記載，其後在明代也有相關記載，「明初，磷角里（今甘竹一帶）官倉前池忽生異種；正德間復生紅、白二種，色味殊常」[324]。

　　在一千多年的白蓮生產歷史中，廣昌在民間逐漸形成了一整套與蓮相關的民俗。廣昌民間蓮花燈彩，如手提蓮花燈、肩挑蓮花籃、蓮蓬燈、蓮碗燈、蓮藕燈等，頗具地方特色。每年農曆六月二十六日，蓮農們稱是蓮花生日，要舉行蓮神太子廟會，贛、閩等數省邊際人們參與，熱鬧非凡。蓮花古鎮——驛前，因千百年來盛產白蓮和形成白蓮集散銷售圩市而聞名於世。至今保存的五十餘棟明清古建築群中，隨處可見的雕刻精美的蓮花裝飾圖案，因而名聲在外。近幾年來，省、市相關部門已把驛前作為「中國蓮文化的發源地」，向社會推介特色旅遊，江西省政府於二○○三年公布驛前為全省首批歷史文化名鎮。

　　廣昌白蓮以色白、粒大、無皮、通芯、味美、清香、營養豐富、藥用廣泛而馳名中外。李時珍在《本草綱目》中說：「蓮子以豫章汝南者良。」廣昌白蓮全身都是寶，有獨特的藥用和保健價值，被評為首屆中國農業博覽會金獎，曾獲多項國際大獎。

　　隨著歷史的發展，廣昌逐漸成為全國白蓮的集散中心，白蓮資源得到全面開發，種蓮面積不斷擴大，成為全縣的支柱產業。白蓮產品暢銷全國，乃至東南亞及歐美各國。一九八四年廣昌縣成立了全國第一家白蓮科學研究所，目前已形成白蓮科研、生

323　同治《廣昌縣志》卷四《仙釋志·寺觀》，同治十二年刊本。
324　同治《廣昌縣志》卷四《星野志·祥異附》。

產、加工、銷售一條龍服務體系。

七、安福縣火腿

　　安福火腿的製作源於故楚巫風中的祭祀供品「胙肉」。它的製作歷史遠於金華火腿。經過民間傳承，明末清初被列為宮廷御膳貢品。一九一五年，安福火腿送巴拿馬國際博覽會參評，以其獨特的「誘人之香，奪席之味」而名噪海內外。

　　安福火腿，每年立冬至次年立春之前，選用本地特有的「安福米豬」之鮮肉後腿為原料，採用嫡傳工藝和配方加工而成。從選料至成品歷經十餘月，其產品形如柳葉：腿直爪彎，蹄腳短小，腿身飽滿，皮薄肉嫩，光滑乾燥，表皮呈棕色或橘紅色，瘦肉占百分之七十五以上，醇香四溢。安福火腿具有獨特的製作工藝，除像金華、宣威火腿進行堆垛自然發酵外，最後還需採用竹葉、茶籽殼進行懸掛煙熏而成。安福火腿味鹹甘、性平，蛋白質含量為鮮豬肉的兩倍，還含有鈣、磷、鐵、鉀等無機鹽及人體需要的多種氨基酸，具有健脾開胃、壯腎陰、增食欲、愈傷口的功效。

　　安福火腿是中國傳統肉食醃臘製品的一朵奇葩。特別講究「色、香、味、形」，烹飪時，「蒸、煮、燉、炒」無所不能。自一九八四年起由傳統工藝和家庭作坊式的生產模式向現代工藝規模化生產方向發展。目前，每年製腿一二〇餘萬條，遠銷廣州、深圳、香港、澳門以及東南亞各國。

八、金溪縣藕絲糖

金溪特產藕絲糖外似一團潔白細嫩的藕絲，內包芝麻、桂花、橘餅，食之甜而不膩，脆香酥軟，餘味綿長。

藕絲糖生產歷史悠久，據傳始於五代時期。關於藕絲糖的來歷，當地流傳著一個優美的民間故事。傳說五代南唐時期一位姓唐的把總，為慶祝母親八十歲生日，用糖做了個大「壽」字，但是老人吃不動，他便下令必須在九天之內做出落口消融的糖來。這可難壞了做糖師傅，他們反覆改進熬糖方法，還是難以又軟又酥。到了第八天晚上來了個要飯的老頭，乞討稀糖吃，師傅打了一勺稀糖用碗盛給他，他不接，卻伸手去抓，不停地抓、拉，拉出了又白又細的糖絲，向師傅們一拋，霎時人便不見了。糖師傅們把糖絲放入口中，落口消融，人們一下子醒悟過來了，是神仙來指點他們！於是他們按仙家的指點，把飴糖抓拉成細絲，又包豆粉、芝麻、桂花、橘餅末等配餡，逐步發展製成今天的藕絲糖。[325]

當地方志記載，明萬曆年間（1573-1620），就有小販走鄉串村叫賣，深受群眾喜愛。據名老中醫說：本品以飴糖為主要成分，具有古方「大小建中湯」補中益氣之功效，金溪藕絲糖遠銷北京、上海等大城市，元旦、春節期前來採購批發，絡繹不絕。

金溪藕絲糖在封建時代是由各地家庭小作坊生產，主要產地在琅琚、滸灣、珊城、秀谷等幾個鄉、村，通常在廟會和市集上

---

[325] 《金溪縣志》第十八篇《文化》第四章《民間文學》第一節，傳說・藕絲糖的傳說，新華出版社一九九二年版。

銷售。新中國成立後，國營、集體與個體戶食品廠開始大規模生產，改進包裝，使之能運輸、儲存。其經營理念是「精選原料、精工製作、繼承傳統，不砸牌子」。每年入冬之後（11月到次年3月）精選本地生產的優質糯米、大豆、麥芽、芝麻、橘餅、桂花、香油、白糖，經浸泡、蒸、發酵、濾漿、熬製飴糖、拉絲包餡、成形、包裝等工序製作而成，對發酵溫度，熬糖時間、火候、氣候等都要掌握得很準，否則糖化不好，影響口味和拉絲細度。藕絲糖多次被評為省地優質產品，一九八四年評為江西省優質產品，一九八八年參加首屆中國食品博覽會，列為特色優質產品展銷。

九、進賢縣李渡燒酒

李渡燒酒歷史悠久，因位於進賢縣李渡鎮而得名。李渡鎮原名李家渡，位於進賢縣西南，地處贛撫平原，是江西古鎮、江南糧倉。

根據資料記載，李渡鎮有著一五○○多年的釀酒歷史，自古以來就有「酒鄉」之稱，文人墨客，商宦布衣，皆因李渡酒而「聞香下馬，知味攏船」。[326]李渡酒源遠流長，文化底蘊深厚，早在元末明初，李渡就有「趕圩李家渡，打酒買豆腐」之說，經歷清朝的興旺，李渡白酒更是聞名全國。

李渡鎮地處撫河中下游，土地肥沃，米質較好，是釀酒的上

326 《進賢縣志》第七篇《工業志》第六章《食品加工》第二節，釀酒，江西人民出版社一九八九年版。

好原料；而且地下水源清列甘甜，含有微量礦物質，是難得的製
酒用水。李渡酒以當地優質糯米為原料，將糖化、酒化技術和半
固態發酵方法結合起來，顯示出了傳統造酒技藝的高超水平。據
縣志記載，在清代中葉，李渡就有以當地特產的優質糯米為原料
釀製燒酒的習慣。到了清朝末年，該地萬茂酒坊廣集民間釀酒技
術，在糯米酒的基礎上，引進了用大米為原料，用大曲為糖化發
酵劑，用缸、磚結構老窖發酵制白酒的新工藝，於是李渡酒由此
而發展起來，製酒作坊也隨之增至七家，其酒精度數為五十六
度。由於酒色清透、芳香濃郁、味正醇甜，近代以來該酒名聲大
振，暢銷全國市場，成為江西地區的名酒之一。

　　二〇〇二年在李渡鎮紅石橋李渡酒廠老廠區內考古發掘出元
代至近代燒酒作坊遺址，共出土元、明、清、近代、現代五個時
期的水井、爐灶、晾堂、酒窖、蒸餾設施、牆基、水溝、路面、
灰坑、磚柱等釀酒遺跡。本次發掘證明，李渡釀造蒸餾酒的歷史
至少可以追溯到元代，歷經明清，連續不斷，發展至今，是繼四
川成都水井坊之後中國發現的又一處時代最早、延續時間最長且
具有鮮明地方特色的古代白（燒）酒作坊遺址。也是目前中國乃
至世界範圍內證明元代蒸餾酒生產、發展並在科技史上取得突破
最好的遺址。它為中國蒸餾酒釀造工藝起源和發展研究提供了實
物資料。[327]

---

327 楊軍、劉淑華：《李渡無形堂燒酒作坊遺址──探索中國白酒起源之
謎》，《南方文物》二〇〇三年第四期；樊昌生等：《李渡（無形堂）
燒酒作坊遺址考古取得重大突破》，《農業考古》二〇〇三年第一期。

第七章

建築與居住民俗

　　衣食住行是人的基本生活需求,「住」在其中無疑是極為重要一項。建築從誕生伊始,便擔當起文化載體與延續人類生活的角色。在人類語言、文字等抽象表意系統誕生之前, 建築與建築環境便被作為維繫若干代人之間風俗文化信息的紐帶。從某種意義上說,從建築民俗入手有助於整體把握人類社會生活的發展軌跡。建築是人類習俗的一種具象形式,其發展變化昭示著習俗的演變。建築及習俗的演變,在相互制約與影響中,完成了同構過程。

　　江西在歷史上較早得到開發,在長期的生產與生活過程中,先民們適應地理環境,利用既有的資源來滿足建築與居住的需要。作為根植於地方文化傳統中的文化形式,江西的建築民俗帶有明顯的地方文化特徵,形成重視「風水」、講究結構和強調禁忌的特點。同時,江西的建築與居住民俗,又受到營建禮制的規範與制約。

第一節 ▶ 擇地與朝向

建築作為所有視覺藝術和工程技術的集中體現者，是文化的重要組成部分。在人類歷史進程中，建築已經從開始「鑿牖為戶」、以保溫防寒為目的的人類避難所，發展到今天各種流派、各種風格、包含各種文化情緒的功能複合體。當今建築也不僅僅是維持人類生存，更多的是反映出我們改造利用自然的能力和時代特徵。建築因自然條件、「風水」及防衛等因素存在擇地與朝向的選擇。

一、自然條件因素

人類對生存環境的選擇可以追溯到人類漫長的進化旅程之初。在自然條件惡劣的遠古時代，人類像野獸一樣，為了生存，躲避外部的襲擊和自然界的惡劣條件，於是尋找和營建遮風避雨、秋收冬藏的棲身、聚集、繁衍生息的場所。

在遠古時代，由於南北方地質以及氣候的差異，導致南北方的建築選址出現兩種不同的形式。

北方地質乾燥，於是擇地穴而居。南方由於地潮，起初搭茅草屋於樹杈之間或者岩石等高地處，後來逐漸演變為干欄式建築。據《魏書》記載：「依樹積木，以居其上，名曰干欄。」[1]明田汝城《炎徼紀聞》卷四也有記載：僮人「居舍，茅而不涂，衡板為閣，上以棲人，下畜牛羊豬犬，謂之麻欄」。

---

[1] 《魏書》卷一〇一《列傳》第八十九《獠傳》。

「干欄」式建築主要應為防潮濕而建，長脊短簷式的屋頂以及高出地面的底架，都是為適應多雨地區的需要，各地發現的干欄式陶屋、陶囷以及柵居式陶屋，均代表了防潮濕的建築形制，特別是倉廩建築採用這種形制的用意更為明顯。直到今天東南亞一帶還較盛行柵居，以適應潮濕多雨的需要。

從考古發現看，中國新石器時代的河姆渡文化、馬家濱文化和良渚文化的許多遺址中，都發現埋在地下的木樁以及底架上的橫梁和木板，表明當時已產生干欄式建築。[2]而在江西清江營盤裡新石器時代遺址出土的陶制干欄式建築模型中，還出現了帶有長脊短簷式的屋頂。

自古至今，在中國南方和東南亞一些地區，都可以找到干欄建築的蹤跡。干欄建築以其獨特的建築魅力長期影響著中國居住建築文化，並在民居中得以傳承和發展。

二、風水因素

在人類的居住選址當中，風水是一項影響重要的因素。

在遠古時代，人們就依照當時的社會意識，逐漸形成了考察周圍的環境，擇其吉而避其凶，營築宅址與村落。從西安半坡遺址和河南濮陽西水坡四十五號大墓青龍、白虎貝殼布局來看，中國的風水起源起碼有六千多年的歷史了。中國古代的風水地理是

---

2 李先逵：《干欄式苗居建築》，中國建築工業出版社二〇〇五年版，第 120 頁。

在當時哲學觀念與民俗意識支配之下為了選擇與建造生活環境，為使城市、村落、住宅、墓地趨利避害而發展起來的環境評價系統。它包含了對自然環境和社會文化環境進行地形分析、區位與方向分析、環境規劃布局的學術思想與方法。人們在生產生活中發現所選擇的地址、所布局的環境，如果得當，那就會給人們帶來鴻運；如果地理環境選擇、布局不當，就會給人們帶來禍殃。於是人們總結其中的經驗，並用當時的文化意識觀念來解釋它，這就是風水。

風水一詞最早出於伏羲時代，太昊伏羲根據自己研創的簡易圖，推理出地球有過一段是風與水的時期。《簡易經》裡記載：「研地說：一霧水，二風水，三山水，四丘水，五澤水，六地水，七少水，八缺水，九無水。」這裡所指的風水應是風水的原義。

選擇一個建築地址，沒有風水先生的幫助是絕對不行的。那種一切都受自然影響的感覺，簡單的中國建築方法，紙窗、薄隔牆總是很柔和，而不能受到擠壓，導致了這一對我們很陌生的職業的產生。人們培養出專門為住宅尋找有利地形的風水先生。他們既為活人、也為死人尋址。風水先生常常是為了找一塊最佳的墓地，而忙碌好幾個星期。在實踐中，他們主要是以「陰陽」、「四象」、「五行」、「八卦」學說，也就是以天地和諧為依據，同時也包含著一種美學的成分。[3]

3　全實、程建軍主編：《風水與建築》，中國建材工業出版社一九九九

民間有不少風水職業者，稱「形家」、「地師」，俗稱風水先生。風水之說稱陰陽學、堪輿說。堪指高處，輿指低處。《葬書·內篇》中說：「氣乘風則散，界水則止。古人聚之使不散，行之使有止，故謂之風水。」簡單地說，風水是表示通過占形望勢解釋地勢高低變化與自然環境關係的一種民俗文化。

　　風水的宗旨是為了在處理人與環境的關係中，求得與天地自然界萬物和諧相處，達到趨吉避凶、安居樂業的目的。風水學最講究「得水為上，藏風次之」。村址要求背山面水。負陰抱陽。古代人們認為：村落選址關係到村落今後發展和利用周邊環境的利弊條件，在宗族觀念上也關係到本宗族的盛衰大事。用現代的觀念分析，風水學也不一概稱之為迷信，其中也包含著一些環境學、氣象學、美學等合理因素。風水師看風水首先做的便是這兩件事：一是「相土嘗水」擇地；二是「辨方正位」定向。[4]云：

　　　　卜兆乘黃鐘之始，營室正陽明之方，於以分輕重之權……生者南向，死者北首。

又云：

　　　　年版，第 37 頁。
4　　《管氏地理指蒙》《管氏地理指蒙一·山岳配天第二》，載《堪輿》
　　　（上），鄭同點校，華齡出版社二〇〇八年版，第 120 頁。

卜兆、營室二事，一論山，一論向，為堪輿家第一關鍵。

風水術所追求的風水寶地有一個共同的模式，我們稱之為理想風水模式，即是「左青龍，右白虎，前朱雀，後玄武」，並且要「玄武垂頭，朱雀翔舞，青龍蜿蜒，白虎馴俯」。用現代的話來說就是：背靠連綿山脈，前面是平原，兩側水流曲折，匯流於前；左右有山環抱，山上有樹木而且長勢茂盛。「穴」，也就是陽宅或陰宅的宅基，位於山脈的止落之處。如圖：

一般而言很難有十全十美之風水環境，所以對建築環境，可以進行許多人為的補救和改造。這一點，風水術也提出了許多的概念和手段。比如，在風水家看來有所不利的地方，則可以通過調整建築群體布局，改變門的位置與朝向，或在「水口」、「下沙」、「朝山」等處引水開渠、挖塘築堤、種植風水樹、修建風水橋等方法來改變風水，來避凶趨吉。[5]

以江西萬載縣周家大屋為例，它的宅址前水（池）、後山左青龍（河）、右白虎（路）。周家大屋前就是由於沒有天然生成池塘，所以採用人工開挖的水池。房屋的左邊則開挖灌溉用的水渠，從而讓大屋及周周的農田得到了生活用水和農業用水，通過這種人為風水的補救使得周家大屋完全符合風水學的理想模型，從而使建築與周圍的青山綠水有機地融為一體。

5　全實、程建軍主編：《風水與建築》，第 568 頁。

通過對周家大屋的風水分析發現，理想風水模型與現代生態建築理論不謀而合。前水後山，使場地前低後高，有利於排水。同時，池塘也是一個公共交流的空間，平時洗衣、養魚、灌溉，交流思想都在這裡進行，同時還有消防水池的作用。後面是山，上面種滿風水林，果木繁茂，可擋冬天的寒風，又可保持水土，可謂一舉多得。另外由於宅址處在一個半環狀的凹地，本身形成一個小小的人工生態系統、綠樹成蔭、冬暖夏涼。[6]

再以流坑為例，流坑之所以落基於此，據有關族譜記載，與唐末兩位著名的風水家楊筠松、曾文迪有關。流坑村的選址嚴格遵循風水之道：該村地處群山環抱的山間盆地，鐘靈毓秀，自成天地。清澈的烏江水自村南經村東，繞村北向西北流去，再匯恩江注入贛江，使流坑村形成山環水抱之勢。三面環繞，常年不絕的烏江水對流坑村的歷史影響極大，自古就有：「若見水流庚，依舊好流坑」之說。

贛派古民建築往往處於一個和諧完備的人居體系當中。它既注意與周邊環境的適應，也注意與祠堂、門樓、牌坊、廟宇、戲台等功能性建築的有機結合。一般村莊創建或者改造，都是經過精心規劃。由於大部分村莊都是單一姓氏聚族而居，所以在宗族的統一組織下，規劃可以很好地執行落實。贛派風水在日常生活中發揮著重要的作用，除了建築的擇地與朝向要符合風水的理念

---

6 陳木川：《中國古代民居中的建築風水文化——江西萬載周家大屋考察》，《華東交通大學學報》（自然科學版）二〇〇六年第四期。

外，周圍的山脈、湖泊、樹木等也被作為構成風水的元素。

三、防衛需要

由軍事因素而決定的民居建築在選址方面主要有兩個特點，一是依山而建；二是谷地分布。前者多選在地勢險要，易守難攻的山麓坡地或台地，後者多為扼交通要道之咽喉，其目的都是為了占據重要地形或位置。

在人類社會早期，由於生產力低下、人口數量少，使人們需要以某種關係作為紐帶聚居在一起，以增強防禦能力。因為惡劣的自然環境和歷史上長期的動蕩不安，迫使人們大規模地聚居在一起，以共同防禦敵人的進攻。眾多房屋的相連，不但利於管理和傳遞信息，更重要的是在遭受進攻時便於集體防衛。這些房屋大都結構嚴密、堅固實用、外觀雄偉。

例如江西贛州的土樓，在兩晉至唐宋時期，因戰亂飢荒等原因，黃河流域的中原漢人被迫南遷，歷經五次大遷移，先後流落南方。客家本是中原漢人，他們南遷至閩粵贛邊遠山區後，為防止土著和盜匪的打劫及猛獸的襲擊，他們建造的土樓、圍屋，皆防範嚴密，甚為安全。

宛如古城堡似的土樓，一、二層不設朝外的窗子，或只開設槍眼似的細長石窗，三樓、四樓和每個房間都有朝外的大窗，既利於採光，流通空氣，又成了瞭望敵情和向外射擊的槍孔。土樓大門的門框、門檻都是條石，門板厚約十釐米。有的大門上斜挖了幾個嵌有竹筒的護門孔，倘有土匪攻門，可往下射擊和澆開水。有的土樓大門還安裝了防火水櫃、水槽，若來犯之敵放火燒

門，只要一按開關，水便順門而下，以滅火護門。土樓本來已堅固異常，但為防萬一，有的土樓還夯築了夾牆。萬一外牆被炮火轟開，土樓仍有夾牆支撐，安然無恙。土樓內有各種齊全的生活設施：設於天井的深水井，是被圍困時的水源，樓內有礱、碓等加工糧食的設備。這一切都使匪敵久攻不下。至於那些四角建有高聳碉樓的「四點金」，更是令盜匪望而卻步。[7]

四、宗教信仰因素

道教是中國本土產生的宗教。鷹潭龍虎山，是道教正一派的發源地，創始人為漢代張道陵和他的曾孫張盛。張道陵被張盛尊為掌教、正一天師，因而又稱天師道或正一道，為中國道教的鼻祖。金、元以後，正一派與全真派南北對峙，成為獨樹一幟的道門分支。盧山東林寺，是中國佛教十派之一淨土宗的發源地，創始人是晉代慧遠和尚。[8]因此，鷹潭龍虎山天師府、盧山東林寺等，一直是全國重點寺院，近年來，多有外地和日本、韓國佛教徒前來朝拜。

道教創始初期，修道者大多住在深山的茅舍或洞穴之中，建築比較簡陋。《廣弘明集》中就有描述：

---

7 黃漢民：《福建土樓》，生活・讀書・新知三聯書店二〇〇九年版，第 218-219 頁。

8 劉錫濤：《宋代江西道教發展狀況》，《井岡山大學學報》（社會科學版）二〇〇七年第一期。

　　張陵謀漢之晨，方興觀舍……殺牛祭祀二十四所，置以
土壇，戴以草屋，稱二十四治。治館之興，始乎此也。**9**

　　從這個早期的文獻中，可以知道早期的道教建築和民俗建築
並沒有多大的區別。道教建築是當時社會經濟和文化的綜合反
映，又是道教哲學思想和信仰的物質化體現。其建築的門類很
多，中國傳統建築中的宮、觀、殿、堂、樓、館、舍、軒、齋
等，在道教建築中都有體現。

　　道教的宗教哲學是以生為樂，而不是以生為苦。它追求的最
高理想是今生的長生不老、得道成仙，而不是寄希望於來世的幸
福。所以，道教的修煉以老、莊學派「清淨無為，息心去欲」等
思想為指導 。**10**這就使得道教建築的選址非常傾向於人煙稀少的
深山老林裡，以利於道教徒在大自然中修身養性、悟道成仙。

　　道教建築選址有以下特點：

　　（1）道教建築選址受到中國傳統「風水學」的影響，一般
選擇風景優美符合「風水」的各種洞天福地之中。

　　（2）常常利用自然地勢的高差來突出建築自身的形象，從
而達到借勢取雄的藝術效果。

　　（3）為了加強建築布局的險峻奇異的感覺，常將建築布置

9　《廣弘明集》卷十二《辯惑篇》第二之八《決對博弈廢佛法僧事並
　　表》、《四部叢刊》本。

10　蓋建民：《道教科學思想發凡》，社會科學文獻出版社二〇〇五年
　　版，第 461 頁。

在懸崖邊或者虛挑懸空，以突出高聳險峻之感。

（4）中國的傳統文化強調的是「藏而不露」，傳統園林的布置上也認為「景愈藏境界愈大」，所以，道家建築在選址上也受到這方面深刻的影響。

（5）道家崇尚的神仙都住在仙山洞府之中，所以在建築選址之中也受到這種思想的影響，追求一種奇上加奇的藝術效果，例如利用孤峰、懸崖、巨石等特殊的地形地貌，把建築布置到上面形成「騎」或「臥」的姿態。

（6）在山地布局時，多利用地形形成由高到低錯落有致的層次，創造出優美輪廓。例如，江西鷹潭的龍虎山、上饒的三清山等，無不顯露出這種追求。

其次，建築的擇地與朝向還要考慮到當地氣候條件、地理環境、建築用地、日照朝向情況等，必須全面考慮。中國是一個歷史悠久的大國，地大物博，東西南北氣候、地理都有較大的差異，這與中國傳統文化有著極大的相關性，這其中不但包含了自然因素，也體現了人們的倫理道德因素與現實實用因素。建築及建築空間正是人類習俗與文化演變的外在表現，這樣，文化人類學將民俗學作為其主要組成部分，將建築、空間、聚落、環境作為研究對象，而建築、環境的研究，也將民俗的有關內容、思想方法和成果作為借鑑。

第二節 ▶ 建築材料

江西幅員遼闊，地理環境差異很大，先民因地取材，形成多

樣化的江西建築民俗。在盛產木材的山地丘陵地區，木材成為主要的建築材料；在產石與平原地區，磚、石是不可或缺的建築材料。當然，江西各地的建築民俗，在建築材料的選用上往往注重多樣選擇，混合材料的使用相當普遍。

一、石

自古以來，天然石材一直是建築工程中重要的結構材料和裝飾材料。人類利用天然石材作建築材料已有數千年的歷史，據《水經注》記載，二八二年，河南洛陽東六七里有一座用石建的「旅人橋」，「下圓以通水」，這是見於記載最早的石橋。河北省趙縣的趙州橋（又叫安濟橋、大石橋），據推算，始建年代為隋大業年間（605-616），是保留至今最古老、最著名的石拱橋。古希臘公元前四三二年完工的雅典衛城巴特隆神殿天然大理石建築、意大利著名的全用大理石建成的比薩斜塔、舉世聞名的用漢白玉建造的故宮宮殿基座和欄桿堪稱人類古典石材建築的精華，是人類寶貴的建築遺產。

隨著現代科學技術的日新月異，天然石材作為結構材料正逐漸被混凝土所代替。然而，作為建築裝飾材料，天然石材因其獨具的材質，色彩的多樣性、耐久性及其資源的有限性，為任何一種人造裝飾材料所無法媲美。加之現代石材開採、安裝工藝的進步，使天然石材在現代建築中，特別是在建築裝飾中得到了越來越廣泛的應用。

天然石料強度高，耐久性與耐磨性好，尤其便於就地取材。江西廬山一地便有許多石材料的古建築，廬山的古建築經歷了千

百年的滄桑，如今仍以它神妙的構思，獨特的造型，鮮明的風格，無時無刻地向人們展示著美的魅力。它們置身於清山秀水間，或雄奇，或秀美，或古樸，或俏麗。人們可以通過建築所固有的線、面、體及其相互組合的構成，來認識它們的變化與統一、對比與調和、平衡與穩定、節奏與韻律等組合規律，領受他們各自所蘊含的特定的歷史文化內涵，從而得到飽滿的情感體驗和審美愉悅。

在眾多的史料當中，有關建築材料無一不提到石頭。例如，光緒《江西通志》中有關弋陽的歷史沿革提到：「舊無城，明正德五年，知縣胡偉始壘石為四門。」[11]同治《貴溪縣志》中有關縣城設立的沿革中提到：「舊無城，明正德五年，知縣謝寶始築土壘石。」[12]可見，石材在江西傳統建築中運用範圍的廣泛與普遍。安源一帶的古民居，石材是喜用的建築材料，特別是石材製成門框、飾以各種吉祥圖案，顯示戶主身分與修養：

> （安源）大門，古民居建築中的門面，多用麻石（花崗岩）或青石構成石門框，石過肩，過橋板上雕刻吉祥字樣及八卦圖形，大門牆體砌築「衍八字牆」，門額上刻有顯示房主歷史地位、身分及祖居的字樣，大門兩邊鐫刻或書寫對

11　光緒《江西通志》卷六十六《建置略一・城池二》，光緒七年刻本。
12　同治《貴溪縣志》卷二《建置志・城池》，同治十一年刻本。

聯。[13]

　　茲試舉星子縣點將台、廬山御碑亭、星子縣觀音橋、廬山賜
經亭等數例，分析石材在江西傳統建築民俗中的運用。

（一）星子縣點將台

　　坐落在星子縣城內，相傳此台為周瑜操練水軍點將之處。台
高六點八五米，平而呈長方形，石結構。中有扶門通道，為花崗
石砌就，穩重威嚴。台上建有雙簷木結構城樓，飛簷凌空，氣勢
雄壯，登上城樓，憑欄眺遠，鄱湖煙波，盡收眼底。

（二）廬山御碑亭

　　御碑亭坐落在廬山牯嶺西南的錦繡峰頂，明太祖於洪武二十
六年（1394），下詔興建。亭坐東朝西，由石瓦、石脊、石牆、
石柱、石門構成，平面呈正方形，邊寬五點八米，高六米，歇山
頂，魚尾形翹角，瓶式寶頂。

　　御碑亭四面有門，正面門額有「御制」二字，左右兩端飾龍
首圖案。門兩邊的石柱上鐫有一副對聯：「四壁雲山九江棹；一
亭煙雨萬壑松。」亭內豎有一高四米，寬一點六米，厚〇點二米
的石碑。亭四周用石板石柱間成一方形院落。亭居高臨下，端莊

13　《安源區志》第三十三卷《風俗、宗教》第一章《生活習俗》第二
　　　節，宅居，方志出版社二〇〇六年版。

凝重，古樸厚實。

（三）星子縣觀音橋

星子縣觀音橋，亦稱西賢橋。因其橫臥在三峽澗上，故也叫三峽橋。 橋建於宋大中祥符七年（1014）。橋長二十四點四米，寬四點一米，高十點七米，單孔。橋用一〇五塊各重一噸、規格相同的大花崗岩相互扣鎖而成。榫式結構，至今已愈九百餘年。橋身巨大空靈，構思精巧，寓秀逸於雄偉之中，顯得既雄偉奇拔，又堅韌古樸，為古代橋梁建築佳作，被列為全國文物重點保護單位。橋下有一圓形深潭，潭水碧綠，深不可測，名金井。橋東側有一被茶聖陸羽評為天下第六的「招隱泉」。

（四）廬山賜經亭

位於廬山黃龍寺後一小山頂。明萬曆十五年（1587）明神宗為紀念母親明肅皇太後，命工部刊印續入藏經四十一函，並舊刻大藏經六三七函，頒布給黃龍寺而建。亭坐北朝南，平面呈正方形，邊寬三點八米，通高六米，歇山頂，石結構，亭中立一石碑，上刻明神宗《護藏敕》，及《聖母印施佛藏經贊》。整個建築選型簡潔，氣氛莊嚴肅穆。

二、木

建築的過程，就是「大興土木」的過程，因此，土與木乃是最根本的建築材料。在江西，山地丘陵是主要的地形之一，其中盛產大量的木材，成為最重要的建築材料。其易加工，易運輸，

造型多樣，結構複雜的特點被古人發揮得淋漓盡致，給我們留下了豐富的文化建築遺產。採用了木質材料的建築結構獨特，造型優美，裝飾豐富。

一棟典型的建築由以下幾部分組成：

1. 台基。因為木材易腐，故做台基來承托建築物，使其防潮防腐，同時使建築看起來高大雄偉。多用土或碎石等築成。

2. 柱。常用松木或桐木製成圓柱形，用來支撐屋面的檁條，形成梁架。

3. 橫梁。橫梁是架在木頭圓柱上的一根最重要的木頭，形成屋脊。多用松木或榆木製成。

4. 斗拱。這是中國獨有的建築構件。置於柱頭和屋面之間，用來支撐荷載，挑出屋簷，並具裝飾作用。大型建築還可縱橫交錯層疊，逐層向外挑出，形成托座。

這四個部分的建築構成中，除台基為石製外，其餘基本都用木料製成。目前仍存的木質建築很多，著名的有：

五代時期：河北正定縣文廟大成殿，天津薊縣獨樂寺觀音閣及山門，山西永壽寺雨華宮，遼寧大奉國寺大殿，山西佛光寺文殊殿，河北正定龍興寺等。

元代：陽和樓，北岳廟德寧殿，曲阜孔廟等。

明代：大同城樓，北京護國寺，大雄寶殿，故宮太廟等。

江西傳統的建築形式，也主要是木構建築。例如在宜春縣，

無論是明代的木瓦草結構，還是清代、民國的磚木結構，都離不開木材的大量使用：

> （宜春）本地房屋的建築結構，明代多為木瓦草結構，下為棚板，上用蘆葦間隔為房，山區貧苦人家則結棚而居。清朝多為磚木結構，四周砌牆，兩側牆高於屋面，俗稱「垛子」，用棚板或竹篾編織糊泥隔為房。民國時期沿用磚木結構，砌牆隔房，富家用窯燒白泥磚，貧者取田泥製成土磚，也有的以半窯磚半土磚為牆，赤貧戶則用木、草結構，蓋茅草棚而居。南路農村多用黃土夯牆，牆內添加竹筋加固，屋頂蓋杉皮，或以竹當瓦。[14]

在南城縣，新中國成立前的建築多為磚木結構，今在山區也仍普遍建築杉木柱梁板壁房子或磚木結構房子：

> （南城）新中國成立前，城鎮大戶人家住宅多為明、清建築，磚木結構，高大寬敞，雕簷翹角，古色古香，至今在上唐、新豐街、里塔等鄉鎮尚有留存。此外，一般是磚木結構和平房。新中國成立後，特別是一九七八年後，國家實行富民政策，鋼筋水泥結構多層住宅紛紛落成。

---

14 《宜春市志》卷三十七《生活、習俗》第二章《習俗、陋風》第一節，生活習俗，南海出版公司一九九〇年版。

　　農村在新中國成立前，平原多青磚灰瓦房舍，山區多杉木柱梁板壁房子。貧苦人家則夯土牆、蓋茅草，聊以棲身。今則大多磚木結構，也不乏西式樓房。**15**

　　江西傳統建築與全國其他地區一樣，偏重於木建築，究其原因建築界和史學界說法不一。用「材料決定說」和「技術決定說」來論證這個問題，都難以成立。因為中國的石頭絕不缺少，中國人在建築中使用石質材料的歷史並不比歐洲人晚，其技術的精美與技藝的高超也不亞於同時期的任何其他國家。中國古代建築的主流是木結構，其原因大約有如下幾種：

　　其一是建築目的方面。西方古代與中世紀的主流建築，是為彼岸的神靈建造的，要永恆、宏偉，具有威懾人的力量。而中國古代的主流建築是為現世的人建造的，如帝王的宮殿、苑囿，政府衙署與各種不同等級的住宅。因而，追求永恆與久遠的西方建築，採用了石結構；而不求永恆與久遠，著眼現世的中國建築，採用了木結構。

　　其二是文化取向方面。西方人對石頭有著特殊的愛好。古代希臘神話中，遭遇大洪水的人類，是通過石頭再造出來的，石頭是創造人類的物質。因而，用石頭建造最重要的建築，也是合情合理的。中國的情況就不一樣，古代中國人講求陰陽五行。五行

15　《南城縣志》卷三十《社會》第四章《習俗》第五節，衣食住行，新華出版社一九九一年版。

中的五種物質金、木、水、火、土，對應五個方位（西、東、北、南、中）。五行中所代表的五種材料中，只有土與木被中國人認為是最適合建造為人居住的房屋的，因此，中國古代建築的基本材料，就是「土木」，人是居住在由「土」（台基）承載，由木（柱子、梁架）環繞的空間中的。

其三是建築理念方面。早在二千年以前，古代羅馬建築師就提出了「堅固、實用、美觀」的建築三原則。中國人則不同，古代中國人既不求建築堅固久遠，也不簡單地將建築外形的美觀作為一個目標。中國人更多的是追求空間的適宜與陰陽的和合。也就是說，中國人的房子，不是為了看的，而是為了棲息的。因此，建築的規模就不需要太高、太大。既然不需要太高、太大，則用木結構建造的單層或二層，規模適度的廳堂殿閣，就是最好的建築選擇。[16]

三、磚

與石材、木材之直接取材於自然界不同，磚的出現依賴於製磚技術的發明和改進。磚的出現，使人們有能力擺脫對自然界的依賴，在不產石、木的地區，就地利用黏土製成適於建築的基本材料。江西是中國著名的陶瓷產地，製陶技術已有數千年的歷史，製磚技術很早就得到推廣和應用，一直是江西建築民俗中的

---

16 王貴祥：《中國古代建築為何以木建築結構為主》，《中州建設》二
○○九年第五期。

主要建築材料之一。

　　在中國，磚大約起源於春秋戰國時期。江西這些年來的考古發現顯示，磚在上古、中古時期已經成為江西地區的重要建築材料。例如一九八三年四月江西於都縣嶺背鄉水頭村發現了兩座磚室墓，就是以磚為建築材料築成墓室。墓室中有三千多塊墓磚刻有紋飾或圖案文字，部分為畫像磚。[17]

　　中國古代製磚主要採用兩種方法：第一是燒製，製磚工人用模板做出磚塊模型，然後放在磚窯裡燒，這類磚的質量和硬度比較高，只有地主和官家才用得起；第二是晾曬，工人把做好的磚不用經過燒製直接通過晾曬成型，這類磚我們稱為是「泥磚」，是普通家庭建造房子最主要的材料。

　　秦始皇統一六國後為彰顯自己的豐功偉績，大興土木，建阿房宮、築長城、興都城、修馳道、築陵墓等，這些建築的興建極大地刺激了對磚的需求，也無意中推動了製磚業和製磚技術的發展。

　　磚在中國古代的建築發展過程中締造了無數令世人驚嘆的代表作品，比如萬里長城、北京故宮、秦始皇陵、佛教磚塔等等。值得一提的是明朝出現的一種「金磚」，明成祖朱棣在建築故宮時想要一種比石頭和金屬更堅實的材料，他想到了「磚」。於是，他命令用山東德州出產的黏土製磚並使用高溫窯柴火連續燒一三〇天，並且在出窯後再用桐油浸透四十九天。桐油浸透的

17　萬幼楠：《江西於都發現漢畫像磚墓》，《文物》一九八八年第三期。

磚，一磨就會出光。磚鋪在地面不斷被磨踏，在五百年後的今天依然完好如初。故宮所用方磚質地堅硬，敲打時有金之聲，故稱「金磚」。「金磚」的出現表明了中國製磚業水平達到了一個全新的高度。

工業革命的興起宣布世界進入機械時代，製磚業也從手工發展到機械動力時代。城市的發展促使磚的需求量大增，製磚行業出現了一派繁榮的景象，各種製磚機械被發明，磚的種類豐富多樣，磚的質量不斷提高。

江西在中國傳統的建築理念下，古建築也非常之多，不勝枚舉。其中的一些民俗建築與古建築，並不是運用單一的建築材料，而是運用多種建築材料混合，來達到加強建築物的強度等級，使其更加的耐用、抗震等。例如民國《安義縣志》記載：

> 安邑高樓大廈，望之材木則大杉，牆垣則磚石。雕題畫棟者，乃乾嘉之棟宇也……今年雖間創西式樓房，然為數無幾。[18]

從中就可以看出，當時安義的一些高樓大廈，主結構大部分運用木材，而牆壁等處則運用磚石，體現出了安義古建築並不是運用單一的建築材料。

---

18 民國《安義縣志》（稿本）卷二《教育志・禮俗下》，一九三六年稿本，江西省圖書館藏。

四、混合材料

（一）木石混合

在各地特別是山區較為多見，如婺源縣黃村「經義堂」就是其中的代表。黃村「經義堂」又稱「敦仁堂」，坐落在婺源古坦黃村東頭，建於清康熙年間。磚木結構，建築氣勢恢宏，有百根柱子，號稱「百柱廳」。一九八二年，在法國巴黎皮杜文化中心舉行《中國民俗展覽》，選用了該堂照片，作為中國古建築藝術中的宗祠代表，向世界展出。

「經義堂」，門屋正面三開間，「五鳳樓」式，歇山頂。中央一間高起，前簷一共四個翼角。門前有個方院，圍著牆，兩側有圓拱門。院牆前沿逼近溪流，在溪流與粉白明亮的祠牆之間隔著一條路。

享堂平面尺寸：總面闊十八點十米，其中，明間寬五點八米，次間四點〇五米，稍間二點一米。享堂前簷廊深三點四米，前後金柱間距六點一五米，總進深十三點一米。

從大門到寢室後牆總長度五十二點六米，總面積九五二平方米。

這種巧妙地運用建築材料的方法，不但可以避免木材料直接接觸地面被腐蝕，達到增加使用壽命的目的，而且，這種具有一定柔性的整體框架結構，具有抗震作用。在地震時，建築會通過自身的彈性變形，削減地震對建築物的破壞，從而在一定限度內保障建築安全。

（二）磚石混合

　　圍屋是其中的典型代表。圍屋主要分布在龍南、定南、全南以及尋烏、安遠、信豐的南部，大致分布在江西靠近廣東的那部分地區。此外，在石城、瑞金、會昌也有少量的小土樓和零星圍屋；於都、寧都、興國三縣交界處則多為村圍，形成客家建築獨有的風格。

　　圍屋以龍南縣的最具有代表性，也是最為集中的。據不完全調查統計，往往一個自然村，便有七八座圍屋。形式上也最全，除大量方形圍屋，還有半圓形的圍攏式圍屋，近圓形圍屋，還有半圓形的圍屋，以及八卦形和不規則的村圍。體量上既有贛南最大的方形圍屋——關西圍屋，也有最小的圍屋——里仁白圍（俗稱「貓櫃圍」，形容其小如養貓之籠）。定南縣幾乎各鄉鎮均有圍屋，但較零散，精品少，多用生土夯築牆體，屋頂形式也多為懸山，此為別縣所少見。全南縣圍屋基本上採用河卵石壘砌牆體，為了爭取到多一層的射擊高度，大部分圍屋頂上四周砌有女牆和射擊孔，以便必要時上屋頂作殊死抵抗。安遠縣的圍屋主要分布在鎮崗、孔田的南部鄉鎮，現約存一百餘座。信豐縣的圍屋比較破殘，多見於小江鄉。

　　圍屋的建築材料以磚石為主，牆體大多採用俗稱為「金包銀」的砌法，即三分之一厚的外皮牆體，用磚或石砌，三分之二厚的內牆體，用土坯或夯土壘築。它與閩粵圍樓最大的區別是：贛南圍屋的防禦功能更為完善，圍屋四角所建的炮樓，其功用顯然是為了警戒和打擊已進入牆根或瓦面上的敵人。

（三）磚木混合

江西東鄉的明清古建築群坐落在東鄉縣黎圩鎮浯溪村，面積為一四○三平方米，現存完好的明清建築有五十九幢，其中有不少建築物採用的是磚木結構。浯溪村建築群規模較大、布局精巧，保存比較完整和集中，展現出一幅具有蘇州園林特色的古代農村風景，體現出贛東農村古樸淳厚的風俗民情。如星子縣的土磚屋，就以土磚疊牆，以木為檁、椽：

（星子縣）土磚屋，以土磚（在農田裡經過壓實切成未經燒製）疊牆，以木為檁、椽。上蓋瓦。在橫塘等鄉，也有用青石當瓦蓋頂。均為平房。[19]

星子縣的大八間，也是磚木結構：

（星子縣）大八間，為磚木結構。以木搭成框架，外圍砌青磚。廳堂較大，中間有天井，將廳堂分為上、下廳。廳兩側各有正房一間，上廳天井兩側，有以木板為壁的廂房。廂房與正房之間有樓梯上樓，樓上可住人。這種房屋堅固美觀，多為富人所有。[20]

19　張軒主編：《九江市風俗志》，九江醫專印刷廠二千年印刷本，第195頁。

20　張軒主編：《九江市風俗志》，九江醫專印刷廠二千年印刷本，第

在一些地方，建築材料可以靈活運用，並不拘泥於這幾種材料。例如在贛派的一些古民居中，多採用木材構架作為承重，但採用牆或者土外牆起圍護作用，因此不少房屋可以「牆倒架不倒」；在贛南一些地方建造圍屋時，還採用了糯米粉加石灰夯成，堅固無比，子彈打進去只能碰出一個白點。據說有一次遭遇土匪，土匪們連續對土牆打砸了一個月都沒有破壞掉，其堅固程度可見一斑。還有一些地方，直接取粘土、茅草為建築材料，製成土牆，或以土糊在竹壁上，建築茅屋。如星子、南昌等地的貧民住宅：

　　（星子縣）在山區因田小土薄製土磚不便，有用土築牆，以杉樹皮蓋頂的房屋。茅屋，用毛竹破開，編成牆，糊上泥土，上蓋芭茅。或以土磚、亂石壘成牆，上蓋芭茅或稻草。多為窮苦農民的棲身之地。[21]

　　（南昌）茅草房採用茅竹、稻草等材料搭製而成，多為窮苦居民和濱湖地區農戶臨時棲身之所。[22]

安源一帶的沿街店鋪，也往往採用磚木混合結構：

21　張軒主編：《九江市風俗志》，第195頁。
22　《南昌市志》第七冊，卷三十五《民情風俗》第二章《風俗習慣》第二節，生活習俗，方志出版社一九九七年版。

（安源）古民宅店舖，多數為長型直屋，朝街的為店面，中部為居室，後面為廚房。由於街道狹窄，宅內多採用天窗採光，上蓋明瓦，磚木結構的店舖居多，手工作坊一般為前店後廠。現今萍鄉城區正大街仍有舊式店舖留存。[23]

又如贛縣的傳統房屋結構，也往往採用混合材料：

（贛縣）一是茅草房，為山村貧民所居，新中國成立後基本絕跡。二是木扇房，多建在河邊、墟鎮，新中國成立後多已改建。三是土牆房，清代多用土磚砌牆；民國時期多為土夯牆，木作檩、椽、門、窗和樓板，房頂蓋瓦。現在農村土牆房仍居多。四是火磚房，舊時多為祠堂、廟宇及富家所建。一九七八年後城鎮及靠公路幹線的農村，磚木結構和鋼筋水泥結構的多層樓房日益增多，造型各異，美觀大方，通風採光好，居住舒適。[24]

第三節 ▶ 民居結構和特色元素

各地民居的平面布局模式是在對地域自然地理條件和社會人

---

23 《安源區志》第三十三卷《民俗、宗教》第一章《生活習俗》第二節，宅居。

24 《贛縣志》第三十二篇《風俗、宗教》第三章《生活習俗》第三節，居住，新華出版社一九九一年版。

文條件的長期適應中形成的，反映了特定的居住文化和居住習慣。中國傳統建築中具有審美價值的特徵、形式和風格，自先秦至十九世紀中葉以前基本上是一個封閉的獨立的體系，二千多年間風格變化不大，通稱為中國古代建築藝術。中國古代建築藝術在封建社會中發展成熟，它以漢族木結構建築為主體，也包括各少數民族的優秀建築，是世界上延續歷史最長、分布地域最廣、風格非常顯明的一個獨特的藝術體系。在這種藝術體系中，建築的結構以及構建體現得淋漓盡致，形成了一種約定的風格。

　　一般的，中國傳統建築以「由相鄰兩榀房架構成」的「間」為平面、空間系統的底層要素。但在傳統民居中，真正能夠具備相對獨立的功能、形態意義的平面、空間的最小單位應該落實到「用房」上。「用房」是指至少兩面以牆體與其他空間分隔開來的最小的平面和空間單位，「間」則不強調牆體的分隔，一個「用房」通常為一間，也可以是多間。牆體的分割使不同的使用功能之間的干擾從根本上削減，保證了「用房」功能和形態的相對完整，一般來說根據「用房」形態的敞、閉程度和使用的公私屬性可分為「廳堂」、「住房」兩大類。在作為實體空間的用房以外，江西天井式民居平面、空間系統的建構還離不開以天井、院落為主的虛空間，它們作為實體要素圍合組織的核心，亦不可再向下分割，具有底層要素的特徵。三類底層要素都不能單獨作為民居使用，它們的功能意義在相互結合時才得到真正的體

現。[25]

　　在江西，宗族觀念甚為濃厚，一個姓氏、一個村落或者一個派別的聚居現象極為普遍。這些建築體現了江西的歷史淵源、人文意識與審美觀念。隨著建造藝術的發展，建築材料的革新，建築形式的突破，各式各樣的建築不斷湧現。例如作為「千古一村」的流坑，據《樂安文史資料》載，乃是明代刑部郎中、理學家董燧親自設計改建的，按照當時官邸的格局，一次構築了十八棟官廳，彼此相連、構成一體，歷四百多年的風雨至今仍有兩棟保存較完整，寬敞的天井，碩大的照壁，品字形的廳堂和柔和的線條，樸素的外形以及獨特的校墩、梁架，充分體現了明代建築的特有格調。

一、民居結構

　　由於各地自然環境、經濟狀況以及建築材料的差異，雖然江西的民宅各式各樣，但是大多遵守「上棟下宇」、「明廳暗房」、「廳大房小」的古制。舊時江西的民宅主要以木架構建築為主，其建築模式是以木架構建築為單體，在南北軸線上建正廳或正房，再在正房前後左右按東西向軸線對稱建廂房，體現了中國傳統的對稱審美觀。

　　在這種建築模式下廳堂較為寬敞明亮，上面設有「明樓」，

25　潘瑩：《江西傳統民居的平面模式解讀》，《農業考古》二○○九年第三期。

屋頂安裝玻璃瓦，又稱「明瓦」，或開天井以採光通風，因而較為寬敞明亮。分置廳堂左右的臥房，則由於窗戶開得又高又少又小而大多潮濕陰暗。清代以來，住宅大門的位置由房屋右側改移至中間，分左右兩扇，較為厚重，門上安有鐵環，門後中央裝有插梢門槓，用於閂門。富戶人家的大門多刷油漆，門楣飾以雕刻、彩繪，屋內牆壁、門柱，窗柱、天花板等也多有木刻或其他裝飾，繪製了豐富的花鳥蟲魚、人物山水、神州仙跡等，在大戶的屋宇門額上，還刻有避邪浮雕，造型莊嚴。在讀書、入仕之家，後堂上一般還有匾、聯，體現住宅主人的身分、家族的榮顯或撰寫人的祝願等，如「狀元樓」、「翰林樓」、「司馬第」、「理學名家」、「高明廣大」等。

江西民宅鄰近縣市間相互影響，建築風格存在許多相似之處，但也形成了許多獨具地方特色的住宅格局，其結構整體上說是相當豐富的。如南昌一帶的民居結構，就包括樓房、土屋、一字三間等多種：

（南昌）南昌城鄉居民住宅，多為坐北朝南。舊式民居有樓房、土屋、一字三間、茅草房等。[26]

（一）單進式結構

26 《南昌市志》第七冊，卷三十五《民情風俗》第二章《風俗習慣》第二節，生活習俗。

　　單進式又稱「一字形單列式」，主要包括四扇三間、五扇六間、六扇五間的形式，其結構為一排三間、四間或五間，居中一間為廳，兩邊為住房。如南昌所屬各縣的農村傳統房屋，一般是一字三間：

　　　　（南昌）一字三間由左右房、廳堂組合而成，木梁木柱，窯磚砌牆，屋面蓋瓦，造價低廉，為一般居民住宅。[27]
　　　　（安義）農村民房多坐北朝南。一棟三間，兩邊居宿，中間為堂屋。少數屋前有走廊，後帶拖鋪做灶房。七十年代以後，隨著生活水平的提高，農村建房逐漸增多，結構也有很大變化，多為兩層樓房，改土木結構為磚木結構，且有陽台、庭院，每層內有一室一廳、二室一廳不等，外加廚房、衛生間及成套生活設備，改變了農村住宅單一化的舊貌。[28]

　　星子縣一帶的平房，一般有「硬三間」、「明三暗五」兩種形式：

　　　　（星子縣）平房有兩種形式：一、硬三間，即中間為廳堂，兩側各有一間房，共三間；二、明三暗五，即中間為廳

<hr />

27　《南昌市志》第七冊，卷三十五《民情風俗》第二章《風俗習慣》第二節，生活習俗。

28　《安義縣志》卷三十二《風俗、宗教》第一章《風俗》第二節，生活習俗，南海出版公司一九九〇年版。

堂，兩側的兩間房被橫隔為四間。實際包括廳堂共五間，故稱明三暗五。[29]

吉安一帶還有一廳六房的建築形式：

（吉安市）舊時，郊區農民住宅，多為一廳六房磚木瓦結構，坐北朝南。[30]

單進式房屋一般又可分為兩種形式：一種為不帶拖步的，即中間一間整個為廳，不被隔開，按所含房間數分別稱之為「平列三間」、「平列四間」、「平列五間」等；另一種為廳堂分為廳和拖步兩部分，在廳中間偏後處建有中堂壁，前為廳，後為拖步。中堂壁有磚牆、木板兩種結構，左右各有一小門，連通廳與拖步。木板中堂壁的小門，有的還設有半尺多高的門檻。各地對拖步稱呼不一，如南昌稱為「返射堂」、樟樹稱為「廳背」、樂平稱為「中房背」等。但多作為廚房，或堆放雜物，也有的為防盜而做了雞籠豬圈的，通往二樓的樓梯也多設於此。中堂壁前多擺長案，置放神龕。

（二）二進式結構

---

29 張軒主編：《九江市風俗志》，第 195 頁。
30 《吉安市志》第三十二篇《風俗》第四章《衣食起居》第三節，起居，珠海出版社一九九七年版。

　　大致說來，二進式是單進式的雙倍體結構，其形式主要有上三下三、上五下五或上七下七等，也稱「前後三」、「前後五」或「前後七」等。其中上三下三結構是指屋宅分為上下平行的兩排，每排三間，上排和下排居中一間為廳，稱「上、下棟廳」，上廳比下廳稍寬。上廳靠後牆設屏風和神龕，下廳前牆開門。兩排屋之間正中置天井，天井兩側各建一廊間和巷門。上五下五、上七下七結構布局與上三下三基本相同，不同之處是每排分別為五間和七間。例如贛縣的上五下五式住宅：

　　　　（贛縣）舊時，習慣建築以姓氏宗祠為中心的「上五下五」式住房。宗祠分上、下廳，左右廂房。門樓建築多為仿古磚瓦結構。牛欄、豬欄皆建於院外。[31]

（三）四合屋結構

　　四合屋以單進、二進式為多，也有一些為三進、四進式。其結構表現為：天井位於房屋的前端，中為廳堂，廳堂兩邊為正房與客座，後為廚房、儲物室。房屋大都為兩層樓結構，也有少數為三層樓結構；房高一般七到八米，少數達到十米以上。屋架、板壁為杉木，每根柱子均墊石磉，地面鋪砌著平整成方的青石板。屋牆粉刷成白色，牆頂砌平、牆頭配以鰲魚形翹角。大門門

31　《贛縣志》第三十二篇《風俗、宗教》第三章《生活習俗》第三節，居住。

框多為方形石柱，門框頂上用水磨青磚砌成門樓，門樓上大都有浮雕花鳥、人物墨畫花紋等圖案，或者是吉祥詞句；有的房屋門前有小院子，擺設魚缸、花盆，或植栽桂花、柏樹等常青風景樹；有的房屋門前則是砌以屏風牆（俗稱「照壁」），牆上大書「福」字。如宜春一帶的四扇三直或六扇五直住宅：

> （宜春）住宅設計多為四扇三直或六扇五直等。其造型為：一進的兩側加「披屋」，呈「一」字形，或兩側加偏房呈「H」形，或兩側向前開廳，房前為曬坪呈「凹」字形；二進的上下棟，則廂房相接，中開天心呈「口」字形：三進的兩邊延伸建房，中開兩個天心呈「日」字形。也有少數豪富之家，在主廳兩側和廳後延伸開廳相接，弄巷相通，建花園、魚池、戲台，闢菜圃、曬場等。此種造型，四周築圍牆，形成混為一體的大莊院。其屋脊均以瓦壓棟，正中砌「銅鼓錢」或取瓦疊壘，基面塑「天狗」獸脊以「辟邪」。[32]

（四）土庫房結構

土庫房樣式主要有兩種：一種是外有「八字」大門（稱為「朝門」），作樓閣裝飾。入門前端中為天井，兩旁為廂房；天井後面是正廳，廳兩旁為臥房。這種結構廳堂大，故採光較好。另

---

32 《宜春市志》卷三十七《生活、習俗》第二章《習俗、陋風》第一節，生活習俗。

一種是由前後兩棟四榀屋組成，包含三進、四進格式，有的還建有前後花園或宅旁花園。屋四周陡牆砌以青磚，並用泥漿灌實，高處還用長條形鐵板加固，既能避風又能防火，稱為「風火牆」。每進之間有天井，兩邊為女兒居住的東西廂房；前、中、後廳之間，建有高大的四扇木門，其中中間兩扇，東西各一扇。平時只開東西兩扇，只有迎接貴客時才開中間兩扇，以表示對其的特別尊重。其地面一般是用方磚鋪成，有的還用「三合土」（黃泥、細沙、石灰）夯實，甚至是以桐油石灰抹面，光潔如鏡。

南昌一帶土庫房稱土屋，以干家大屋、包家大屋等頗有名氣：

> （南昌）土屋為磚木結構的串堂二進、三進、四進，由幾個一字三間、天井、廂房組合而成，前有大門，兩側有側門，後有後門，一般兩層，為官紳、地主住宅，如干家大屋、包家大屋，在南昌頗有名氣。[33]

（五）圍屋式結構

圍屋，就是由厚厚的外牆包圍著的屋子，又稱土樓、土圍樓，是贛、粵、閩邊區客家人居住的主要建築形式，是客家民居的一種特殊形式，它集家、祠、堡於一體，集建築與美學於一

---

[33] 《南昌市志》第七冊，卷三十五《民情風俗》第二章《風俗習慣》第二節，生活習俗。

體，是客家人定居生活與活動的「化石」。贛南圍屋主要分布在「三南」（地方習稱「三南」，歷史上定南和全南主要由龍南析出），以及安遠、信豐、尋烏的南部與粵東北交界處，其中龍南縣，因圍屋數量最多、保存最完整而成為贛南「圍都」。

典型的圍屋，平面為方形，四角構築有朝外凸出一米左右的炮樓（碉堡），外牆厚在〇點八到一點五米間。圍屋立面高二到四層，四角炮樓又高出一層。外牆上一般不設窗，僅在頂層牆上設有一排排槍眼，有的還有炮孔。屋頂形式以硬山為主，圍內必設有一至兩口水井。圍屋平面主要有「口」字和「國」字形兩種形式。前者即除四周圍屋外，圍內別無房屋，還建有一座帶祖堂的廳屋組合式主體建築，小者或一明兩暗，但更多的是三堂兩橫中軸線對稱式組合民居，大者面積近萬平方米，關西新圍就是典型的代表。

贛南的客家圍屋，與閩西、粵東的圍屋有著很大的區別。贛南的客家圍屋，粗略統計起來還有五百來座。贛南的客家圍屋均為方形，外立面高聳無窗，牆厚可達一米以上，僅有一扇具有防護作用的大門，四角建有向外突出的碉樓。圍屋內部的中心建有祭祖的祠堂或廳堂，四周闢有住房，圍中挖有水井。圍屋是平時一個家族中幾十甚至成百上千的人共同生活的家，也是這個家族成員共同祭祖的公共場所，而且一旦發生了外侵或者械鬥，就可以關上大門，給族人提供強有力的安全保障。[34]

34 黎明中主編：《江西古村古民居》，江西人民出版社二〇〇六年版，

二、特色建築元素

（一）馬頭牆

　　徽派建築在民居的造型上一個非常明顯的標誌，就是採用層層跌落的馬頭牆，凸顯出徽派建築獨特的建築美。其採用了半掩半映、半藏半露、黑白分明的表現手法，或者是上端呈人字形斜下，兩端跌落數階，讓建築的簷角黑瓦起墊飛翹，清晰地勾勒出牆頭與天空的輪廓線，不僅增加了空間的層次感與韻律感，更是體現了天人之間的和諧。

　　馬頭牆是徽派建築的重要特色，在聚族而居的村落中，戶連戶、牆靠牆，民居建築密度大，往往一家一失火，而殃及成排甚至整個村落。而砌築了高高的馬頭牆，則能在相鄰民居發生火災的情況下，起著隔斷火源的作用，故而馬頭牆又稱封火牆。

　　馬頭牆高低錯落一般為兩疊式或三疊式，較大的民居建築，因設前廳後堂，房屋進深較大，馬頭牆的疊數可多至五疊式，俗稱「五岳朝天」。馬頭牆的牆體形式通常是金印式或「朝式」，顯示出主人對讀書、做官的理想和追求。

　　高大封閉的牆體顯得靜止呆板，因馬頭牆的設計而顯得錯落有致，從而顯出一種動態的美感。馬在眾多的動物中是一種吉祥物，「一馬當先」、「馬到成功」等成語，顯現出人們對馬的崇拜與喜愛，這也許是將封火牆稱之為馬頭牆的動機。登高俯視聚族

而居的村落，高低起伏的馬頭牆，給人視覺產生一種「萬馬奔騰」的動感，也隱喻著整個宗族生氣勃勃、興旺發達。吉安一帶的建築就講究馬頭牆的構造：

（吉安市）建築形式為硬山頂，馬頭牆，簷口壘花外飄，左右牆起垛子。[35]

除有實用功能外，馬頭牆還有美學功能， 顯現很強的裝飾功能，比較美觀和威嚴，使建築物具有沉穩感。即使不懂建築的人，看到這些馬頭牆，也常常會為徽派建築設計師們那種高超的藝術創造力而驚嘆。[36]

（二）天井

天井在建築中起到通風採光、遮風避陽、藏風納氣的重要作用，同北方四合院中的庭院一樣，在古代民居建築中占有重要的地位。露天的內院落，面積較小，其基本單元為長方形。清梁同書《直語補證》載：

今人階下露地曰天井，亦曰院子……院子之稱，唐有之

35 《吉安市志》第三十一篇《風俗》第四章《衣食起居》第三節，起居。

36 方根寶：《徽派建築元素──馬頭牆的作用與演變》，《黃山學院學報》二〇〇八年第五期。

矣。

又清翟灝《通俗編》卷二十四「居處·天井」曰：

《孫子·行軍》「凡地有絕澗、天井、天牢」。注云：外高中下，勢如四曲者為天井。

天井住宅的基本形式有兩種，一種是由三面房屋一面牆組成，正屋三開間居中，兩邊各為一開間的廂房，前面為高牆，牆上開門，在浙江將這種形式稱為「三間兩搭廂」。當然也有正房不止三開間，廂房不止一間的，那麼按它們的間數分別稱為五間兩廂、五間四廂、七間四廂等。中央的天井也有隨著間數的加多而增大的；另一種是四面都是房圍合而成的天井院，俗稱為「對合」。

天井民居在江西傳統民居中是一個非常普遍的類型，而且在很長的一個歷史時段中被群眾廣為接受，可以看出，天井民居從各方面滿足了當時人們的生活需求。天井式民居建築除在功能上滿足使用要求外，更重要的是創造出一個適合人們活動，並讓人有舒適感覺的空間環境。

天井民居平面結構的基本單元為「進」。所謂一進是以天井為中心，環繞著它布置上堂、下堂、上下房和廂房（廂廊）等生活居室。與居室相比，天井是房屋與上空的接連所在。正堂是起居室，下堂包括門廳等空間在內，上下房則是臥室，兩廂可用作房間，也可用作交通過道，這就成為廂廊了。江西冬季不很寒冷，但是夏季悶熱而且時間很長，所以絕大多數堂廳都是敞開的。環繞著天井的所有房間都是依賴於天井直接和間接採光。如

安源一帶的民居，就是「家家高牆，戶戶天井」，以天井採光通風，並圍繞天井組織院落：

　　（安源）家家高牆，戶戶天井，是古民居建築的共同特點。民宅多分為一進、二進、三進不等，天井與正廳相通，其功能是採光通風，為「四水歸堂」的吉象。大廳兩邊為臥室，臥室前後的窗櫺有精美雕飾，內容為福祿壽吉祥圖案或歷史故事場景。豪宅多雕梁畫棟，方磚鋪地，東西跨院，耳門相聯，中堂之上均有「匾坐」，上書大字題款，顯示家族及家庭的榮耀。富戶堂室分明，廳室均有裝飾。[37]

吉安一帶的民居建築，將天井稱為「天門」，也突出其採光功能：

　　（吉安市）講究「光廳暗房」，廳堂開天門，房內鑿綠窗。[38]

37　《安源區志》第三十三卷《風俗、宗教》第一章《生活習俗》第二節，宅居。

38　《吉安市志》第三十一篇《風俗》第四章《衣食起居》第三節，起居。

良好的天井在比例和數量設置上均為合理，也使得建築的內部通風有利。所以時至今日，天井民居還為群眾所鍾愛。特別是夏季，城市型的住宅，如不依賴空調設備，是無法達到這種舒適程度的。天井另一個主要功能是解決排水問題。因為採用了有效防火的馬頭牆作外圍護牆，加之存在「四水歸堂」的封建意識，屋頂的坡向使天井擔負了建築的排水功能。雨水通過天井的暗渠排向室外，這種半組織排水方式使建築內外都能保證乾燥的生態環境。

江西屬於低緯度地區，廳堂向天井開敞，有利於在冬季納陽，又有利於在夏季避光。[39]

在吉安、蓮花等一些贛中地區，由於著眼解決天井在室內導致潮濕的缺點，他們試圖把天井推到室外演變成天井院的格局，為了解決室內的通風，於是在廳堂上空的屋頂開了一道裂隙，也就是當地俗稱「天門」，這多少也能起到室內熱交換的作用。

（三）外牆

建築外牆是建築形象表達的重要內容，特別是在傳統聚落中，由於巷道空間的狹窄，行進其間，人們的視線往往無法貫徹建築的全貌，外牆則成為建築與人對話的關鍵要素。它的材料、質地、紋樣、肌理和造型、裝飾方面的藝術處理，給人們帶來愉

39　程飈：《江西天井民居的生態意識》，《南方建築》二〇〇六年第十期。

悅的視覺感受，也使聚落景觀在統一中求得變化。

　　受到自然資源、經濟能力和科技發展水平的局限，江西傳統民居外牆所慣用的建材類型並不多，只集中於磚、土坯泥、石料、卵石等少數幾種建築材料。要使這樣四面基本封閉的牆面有豐富的表現力，就必須從質感、色彩、圖紋等不同方面入手進行藝術創造。

　　1. 質感。大量的江西民居不僅就地選材，而且不加掩飾，盡可能發揮材料的自身特性，表現其獨特的質感，給人以強烈的感染力和深刻的印象。如上清用河灘卵石築牆，極富鄉村野俚特色，星子縣用易於解理的青石板蓋瓦，貼飾牆面，很有濃郁的地方風格。

　　在同一面牆上使用二到三種不同的砌築材料，形成上下兩段式或三段式的劃分，以不同材料的質感對比來豐富牆面，是江西民居常用的藝術手段。棱角突出、表面粗糙、質感厚重又具有較好防水能力的石塊、卵石一般用作勒腳，平整光潔的青磚或質感較輕的土磚、夯土用來砌築靠上的牆體，這樣在視覺上能夠獲得下重上輕的平衡感。

　　2. 紋樣。砌塊在砌築過程中不同的擺放方式可以形成富有變化的紋式圖案，這些圖案能給牆體帶來藝術活力。明清時期手工燒製的青磚，質量好、規格整齊。富裕人家還在重點處使用磨磚對縫的技巧，使牆體更顯精緻。磚牆砌築的立面樣式亦變化多端，通常一面牆的勒腳部位會採用較密實的砌築方式，如實滾、編席式、花滾等；而上部大面積的區域則採取較省磚料的空斗牆，空斗牆依照其垂直疊砌方式可分為一眠一斗式、二眠一斗

式、一眠三斗式等類型，依照其水平層的構造，又可分為實扁鑲思、空斗鑲思、大合歡、小合歡等類型。

3. 色彩。對於外表比較毛糙的土牆，可以進一步地粉飾增加光潔度。贛南一帶的土築牆和土坯牆一般在築成幾年後，待牆體充分乾縮再飾以白灰粉面。但也有很多在土坯上塗上一層細滑的泥漿，乾脆表露出金黃的色彩，雖然過於簡樸，但卻也和鄉村的田園環境顯得協調。

利用色彩的對比來打破牆面的單調沉悶是另一種方式。在青磚外塗白灰粉飾，獲得上段潔淨明快的白牆，白牆的牆頭可以墨繪、彩畫勾勒成一道收頭的飾帶，底層仍保留一段麻石、卵石或磚勒腳，三段相互映襯便可獲得心曠神怡的效果。更多的江西民居保留大面積的清水磚牆，僅做一道黑白的牆頭布畫收頭，灰黑瓦面是建築的最低調，青磚灰色牆面是中間的色彩，牆頭布畫是跳眼的高調子，使整棟房屋的外觀和諧、典雅而凝重。上饒、鷹潭一帶的民居，自明代以來就有使用當地盛產的紅石砌築牆體的例子。紅石牆自有獨特的質感和藝術表現力，但一色使用紅石砌築的房屋，會有沉悶、積滯的感覺。波陽縣油墩街計家村地區的住宅，留出紅石的勒腳和框格後，在牆面其餘地方粉飾白灰，這樣的色彩對比反而相得益彰，別有一番情趣。

民居研究是聚落形態研究的微觀層次。民居的平面布局、空間特色、結構材料、立面造型、裝飾裝修都會對聚落的整體景觀發生影響。江西傳統民居的外牆因地制宜地運用本土材料，通過不同材料的組合、色彩的對比、砌築方式的變化，特別是牆頂造

型的塑造，產生了豐富的藝術效果。**40**

第四節 ▶ 雕刻裝飾

在中國傳統的民居建築中，雕刻藝術無處不在。在江西眾多
的古村落中，其古建築群中的石雕、磚雕、木雕裝飾隨處可見，
堪稱江南明清建築裝飾的上乘之作。這些古建築群文化底蘊深
厚，反映了一定時期的傳統風貌，體現了民間的風土人情，為研
究明清時期的思想文化、民俗風情等提供了寶貴的實物資料，具
有重要的歷史文化價值。

自古以來人們就崇尚裝飾。遠古時期人類就能夠將打磨過的
骨頭、石子作為飾物來佩戴。進入文明時期後，裝飾的行為更加
盛行。與人類生活密切相關的民居，最能代表人們對裝飾美的追
求。民居裝飾是日常生活的寫照，凝聚著使用者的情趣愛好和思
想意識、宗教信仰等精神世界的內容，同時也反映了一定地區人
們的生活習俗、風土人情和時代的審美觀念。

一、婺源

婺源位於江西省東北部。此地在唐五代屬歙州，宋屬徽州，
明、清是徽州所轄縣之一，一九四九年以縣劃歸江西。婺源在漢

---

40 施瑛：《簡析江西傳統民居的外牆藝術》，《農業考古》二○○九年第
三期。

代以前是古山越人居住之地，東晉時期大量中原望族為躲避戰亂
南遷至此，擇地相土以宗族聚居的方式定居下來。盡管歷經數百
年的變遷，婺源至今仍保存著一幢幢完整的明清時代的古建築。
在這些古建築中，一個鮮明的特徵便是磚、木、石雕作為裝飾與
建築巧妙融合。人們將這些技藝高超、工藝精湛、氣韻生動、自
成一體的建築雕刻藝術統稱為「三雕」。「三雕」幾乎遍飾在婺
源古建築的每一個角落，眾多的牌樓、牌坊，民居中的門楣屋簷
均飾以精美的石雕、磚雕，層層相疊，不勝其繁。宅內則木雕梁
棟，天井周圍的落地隔扇、蓮花門、窗台欄板、閣樓掛絡，斗拱
雀替、華板柱棋上更是雕花綴朵琳琅滿目，細緻絕倫。二〇〇六
年五月，婺源「三雕」被列入江西省第一批省級非物質文化遺產
名錄和第一批國家級非物質文化遺產名錄。

（一）磚雕

　　主要裝飾在住宅大門上的門樓、門罩、大門八字培面及馬頭
牆的端部，庭院漏花明窗處。雕琢採用高浮雕、透雕和半圓雕的
技法，並借助線刻造型。雕刻內容豐富多彩，在厚度不過一寸多
的水磨磚上，鏤空雕刻著神情傳真的人物，栩栩如生的蟲魚，蔚
為壯觀的山水，婀娜多姿的花草等，並通常用回紋、雲紋等民間
喜愛的紋樣作花邊和襯底。就藝術風格來說，明代磚雕古拙樸
素，頗似漢代畫像石，形式以浮雕和一層淺圓雕為主，景與物前
後緊貼，強調對稱而缺乏層次變化。清代的磚雕趨向於細膩繁
複，一塊方不盈尺的磚面上，可以透雕出幾個層次，整塊磚面精
細入微，烘托製造熱鬧親切和諧感人的環境氣氛。

（二）石雕

多用於裝飾住宅的柱礎，粉牆上的漏花明窗，天井庭院中的盆景擺設，欄板和大門的抱鼓石等處。雕琢主要採用浮雕、透雕、立體雕手法。如在八棱仰蓮、錦袱方礎、高覆盆等形式的柱礎上，雕刻「鴛鴦戲蓮」、「仙鶴登雲」、「鳳戲牡丹」、「喜鵲含梅」等紋飾，從而達到錦上添花的效果，

（三）木雕

在住宅木構件中則比比皆是，凡梁枋、斗拱、爪柱、簷椽、雀替、護淨、駝峰、鷗尾、窗櫺、隔扇、門楣和樓層欄板、廂房板壁等處，在不改變和影響構件的實用原則下，精心採用浮雕、圍雕、透雕和輔之線刻的手法，巧琢雕刻龍鳳麒麟、松鶴柏鹿、人物戲文、飛禽走獸、蘭草花卉等圖案，以賦予建築物美感和舒適感。圖案簡潔大方、疏密勻稱，給人以寧靜雅淡之感，繁縟細緻、變化入微，則顯得華美精緻。

婺源古民居在藝術風格上，雖缺少秦漢時期的雄健力度，也缺少盛唐藝術的恢宏氣勢，但兼有秦、漢、唐的流風餘韻，融會著宋、元、明、清的文化創造，代表著一個更為深廣而複雜的文化積澱層。它是歷史的標識，更是藝術的結晶。

在婺源進順村中，隨處可見雕刻藝術，門樓、門楣、屋簷、屋頂等處是磚雕，房子裡的廊柱是石雕，屏風、窗櫺、床、桌、椅、案等都是木雕，被稱為徽州「三雕」。木雕多用柏、梓、

椿、銀杏、楠木、甲級杉樹等特種木材雕刻而成。[41]為炫耀木材
品質的高貴，並怕油漆後影響雕刻的細部，均不加油漆，木材的
本色柔和及木紋的自然美，使得這些雕刻更加生動，為古色古香
的建築錦上添花。在思口鎮延村，房屋內梁枋、門窗等處雕刻的
龍鳳麒麟、松鶴柏鹿、水榭樓台、人物戲文、飛禽走獸、蘭草花
卉等的圖案寓意深刻，不僅顯示出精湛的工藝，而且蘊藏古文化
的神韻，令人贊嘆不已。有的還採用組畫形式來體現，像一幅長
卷式樣，成為一件完整獨特的藝術品。[42]

在思溪村，清代的木雕尤其細膩繁複，多用深浮雕和圓雕，
提倡鏤空效果，有的鏤空層次多達十餘層，玲瓏剔透，錯落有
致，層次分明，栩栩如生，顯示了雕刻工匠高超的藝術水平。整
塊木頭雕成的雀替，雕刻技法集深淺浮雕、圓雕、鏤雕之大成，
既作為柱頭裝飾，又是梁柱之間最為重要的建築構件，造型繁複
生動的百獸之王獅子，可以鎮宅驅邪，給主人帶來安定康寧。因
為房子建在慈禧主政年間，所以變成了抱著小獅子的母獅，而不
是常見的雄獅。

在李坑村，粗壯且木質優良的橫梁，成為徽州工匠盡情施展
絕世才華、傾訴人生追求的所在。而這樣的精雕橫梁，由於取材
不易，人工花費巨大，在徽州以外的其他地方，難得一見。

---

41 陳道龍、王飛凱：《淺析婺源古建築「三雕」興盛的原因》，《美術大
觀》二〇〇七年第五期。

42 黎明中主編：《江西古村古民居》，第74頁。

「碩鼠碩鼠，無食我黍！三歲貫女，莫我肯顧。逝將去女，
適彼樂土。」飽受飢餓災荒之苦的中國人，對老鼠的痛恨之心可
想而知。但是，在徽派建築的裝飾中，每扇門的腰板，基本上都
有老鼠和南瓜圖案，南瓜藤蔓相連意味多子多孫，碩鼠則是富足
的象徵。婺源人好像特別喜歡老鼠，見過一根大梁，梁的正中，
刻著細密繁複的人物、故事情節，正中間一張棋桌，桌子下方蹲
著一只碩大的老鼠，怡然自得，與下棋的、觀棋的一大幫子人，
相安於室，和平共處。

二、瑤里古鎮

瑤里，又稱窯里，古屬浮梁縣錦繡鄉新正郡。位於江西景德
鎮市東北方，距離市區六萬米，離高嶺東埠古水運碼頭八千米，
與安徽休寧、祁門兩縣交界，為全國重點歷史文化名鎮。

據《浮梁縣志》、《江西通史》相關文獻記載，瑤里一直是
明清兩代景德鎮製瓷胎和釉果原料的重要產地，從宋代開始即燒
製陶器，歷史上景德鎮陶瓷生產與瑤里關係密切。現較為完整地
保存著明、清、民國時期建造的古民居數百餘幢。主要有程氏祠
堂、大夫第、進士第、獅岡勝覽、宏毅祠堂、高際禪林寺、垂花
門樓、明清商業街等。在瑤里的民居和大小祠堂裡，有著大量的
古建築裝飾藝術作品。步入每棟民宅和祠堂，在抱鼓石、梁枋、
斗拱、雀替、藻井、欄額、門楣、窗櫺、匾額等建築構建中都可
發現形態各異、精雕細鏤、美觀大方的雕刻藝術品。作品的表現
形式多樣，審美趣味豐富多彩，工藝技法盡善盡美。表現題材概
括為人物、山水、動物、花鳥等幾方面。藝術特色尤為生動傳

神，獨具一格，是古代藝術遺產的一部分，對研究民間藝術的發展有重要的價值。

瑤里古民居的木雕工藝主要應用於梁架、梁托、斗拱、門窗、掛落、雀替、簷條、飛簷、欄桿的裝飾雕刻之中，尤以梁撐、窗櫺、檻子門上的木雕最為精緻。在梁托、斗拱上多運用圓雕、鏤刻工藝，布局結構巧妙，層疊交錯，繁而不亂。建築的隔扇門是木雕裝飾的重要部位，廣泛用於廳堂兩側的壁面，採用不同的刀法進行雕鏤，工藝精美。瑤里民居多以磚木結構為主，經歷了大自然數百年來的考驗，依然聳立。程氏祠堂尤為巍峨壯觀，寬敞高大，前臨瑤河，背靠獅山，為上、下堂有天井的二進式建築。程氏祠堂的木雕是整個古鎮的精華所在，從庭院到門罩，從廳堂到天井，在大門、屋脊、梁柱、柱礎、窗櫺等眾多的建築構件上，都有精細雕刻，有的還施重彩、描真金。祠堂內天井周圍幾乎遍飾雕刻，有各種玲瓏剔透的圖案，斗拱雀替，更是雕花綴朵，富麗繁華，琳琅滿目。瑤里民居受徽州古民居建築的影響較多，木雕幾乎涉及所有的建築部件，不僅講究外形的恢宏、奇偉，而且刻意追求屋內的裝飾美，從建築學和美學兩個方面展示著自身的生命力，表明建築與雕刻裝飾藝術是人類文化寶庫中的珍品。瑤里木雕與徽州木雕一樣立足於雕，根據建築物體的部件需要，採取彩圓雕、透雕、鏤空雕、高淺浮雕和線刻等雕刻表現手法。氣勢雄偉，給人以威嚴、莊重之感。[43]

43　周克修、馬志明：《瑤里古鎮的木雕藝術》，《美術大觀》二○○八年

在封建社會中「萬般皆下品，唯有讀書高」。「入仕為官」是相當一部分人的思想觀念，特別是瑤里的一些富商巨賈更是看到文化的重要性，體會到有官府政治勢力支持對經商的好處。瑤里毗鄰婺源，南宋理學大師朱熹就是婺源人，朱熹編的《四書集注》成了元、明、清三代科舉考試的思想依據，朱熹強調「存天理，滅人欲」、「屈人以順天」，進一步加強了封建宗法制度對人的思想統治，形成了龐大的思想體系。這些都對瑤里產生了極大影響，歷史上瑤里曾人才輩出，清朝工部侍郎吳從至、「奉直大夫」吳朝棟、出過洋當過官的大商人吳用舟等，不勝枚舉。瑤里與徽州接壤，是饒州府與徽州府交界的一個經濟重鎮，屬於多元文化的結合體。瑤里木雕就是在這樣的文化背景下產生的。

民間建築木雕裝飾的題材大多體現出民間文化的傳承性。這種傳承性使得民間工藝造型具有一定的格式化與程式化，形成了一套師徒相傳的傳承方式與工藝體系。有寫實與寫意的，有具象和抽象的，創作形態各異。祈福納吉是民間建築裝飾中運用最廣泛的題材，民間將其概括為福、祿、壽、喜、財等。這些題材最貼近百姓生活，以樸素的語言表達民眾對生命價值的關注，對家族興旺的企盼，對富裕美滿生活的嚮往，以及對自身社會地位的追求。瑤里木雕藝術也不例外，縱觀其規模，大如祠堂、民居、寺廟的建築裝飾，小至日常生活用的家具裝飾等，都全面地反映了這些內容。「忠」、「孝」、「節」、「義」的題材在瑤里木雕中

是常見的。如忠有「岳母刺字」，孝有「臥冰求鯉」，節有「楊家將」、「戚家兵」，義有「蘇武牧羊」等。還有描繪人們休養生息的題材，如魚樵耕讀，牛背上的牧童，紡車前的村姑和飼養的家禽家畜，推車、擔水、捕魚、撐船等山區勞動人民的形象。瑤里木雕，雕不離儒，儒不離雕，雕儒合一，深受朱子理學思想的影響。瑤里木雕作品中呈現出一種情調，一種氣氛。在祠堂裡面，它使人能感受到族權的森嚴和震懾，而在許多民宅裡面，又能感受到祥和、閒適的家庭氣息。木雕的創作是民間藝人主觀意志的充分體現，反映出民間雕工的文化素質較高，這和當時整個濃厚的文化氛圍有關。儒、道、佛思想不僅影響貴族階層，同時也影響底層社會人們的意識。瑤里民居的裝飾雕刻藝術與自然環境、經濟體制、社會組織、宗教倫理、文化思想等組合在一起形成了自己獨特的藝術風格，它的背後所滲透的文化背景就是儒家思想。儒教為封建社會的主流文化，歷代相傳，深深地影響了中國的文化與民間藝術的發展。[44]

三、千古一村——流坑

流坑村位於江西省樂安西南部烏江岸畔，依山傍水，環境優美，流坑村現存建築二六〇棟，數量眾多，規模宏大，類型齊全，居全國之首。流坑村的建築極度密集，卻規劃合理；街巷縱

---

[44] 周克修、馬志明：《瑤里古鎮的木雕藝術》，《美術大觀》二〇〇八年第四期。

橫，卻井然有序。由於建築物高低錯落，變化多端而形成的階梯狀跌落的五岳朝天式山牆，具有明顯的地方特色，婀娜多姿，姿態萬千，大大豐富了建築群的輪廓線和空間層次，透出一種自然協調，淡雅脫俗，輕巧飄逸的氣質。色彩，是灰牆青瓦，淡雅明快，文中質樸；山牆，是馬頭牆，高低起伏，豐富多彩；梁架，樸素嚴謹，結構合理；斜撐，雀替，線條流暢，美觀實用；天井，緊湊通融，晨沐朝陽，夜觀星斗，光線柔和；布局既可滿足農家使用功能的需求，也充分注意建築環境與意境的融合，在造型與功能、內容與形式相統一的基礎上，又恰如其分地獲得了自由活潑、玲瓏自如的藝術效果。

　　流坑村的古代建築，多數在門楣、照壁、山牆上有題刻和磚雕、泥塑工藝品。有的建築在望板、山牆上還有彩面，極為難得。明清時期，由於法律明文規定了社會各色人等建造房屋的規模、色調、式樣，流坑村大商人們不敢犯禁營造超標宅邸，於是採取精心裝修、提高品位這一變通方式來顯示自己的政治、經濟和社會聲望，因而流坑村的明清古建築的門楣、山牆、影壁上多裝飾以磚雕、雀替、斜撐、門窗、木雕之類裝飾品。雀替、斜撐、門窗等建築木質構件也雕刻細緻，塗朱描金；望板、山牆等部位往往裝飾以內容豐富的繪畫，使整個建築物精彩雅致，富有生氣。

　　雕刻精品首推「尚義門」宅「懷德堂」照壁上鑲嵌的「五倫圖」磚雕壁畫群。它由七十七塊磚雕精心拼砌而成，一組一幅：中幅為「丹鳳朝陽」，左幅為「連升三級」，右幅為「群雉圖」，四周配以獅子、龍、仙鶴等高浮雕圖案。整個畫面以鴛鴦、白頭

鳥、綬帶鳥、喜鵲、蜜蜂、猴子、白鹿、梅花等人們喜聞樂見的民間藝術題材為內容，用五種不同的鳥來表示君臣、父子、夫婦、朋友、妯娌等五種封建綱常倫理關係；畫面主體用線浮雕和線割法。明間花枋上裝飾有圓雕獅子和高浮雕龍頭，融線刻、浮雕、圓雕、透雕等多種技法於一體，線條圓潤流暢，質朴簡約；筆法變化多端，疏密有致，在天井光鮮的照耀下，給人以清新明淨，文采雅致之感。

從雕塑作品的質地來看，有木、石、磚、灰批之分，其中尤以木雕為最。流坑村地處山區，當地竹木資源極為豐富，村民大多以經營竹木和撐排為生，清代的竹木貿易相當發達。因而村中的明清古建築為清一色木構件，室內木裝飾、家具雜物均用雕刻加以美化，值得注意的是，村中二百多棟明清建築物上的木雕木刻沒有一件是完全相同的。明代木雕題材多為植物紋樣或瑞獸圖案；而清代木雕題材及其廣泛，飛禽走獸、神話傳說、戲曲故事、人物花鳥、文房四寶等，其中吸取故事是清代中期以後建築上廣為流行的藝術題材，具有鮮明時代特徵。

從雕塑工藝來看，有圓雕、浮雕、透雕、線刻之別。圓雕多用於家具、單體物件和斜撐等處，浮雕和透雕是使用得最為頻繁的技法。浮雕使用於雀替等處，透雕則使用於漏窗、祖龕等處。在一件雕塑作品上，往往多種技法並用。

建築作為所有視覺藝術和工程技術的集中體現者，是文化重要組成部分。在人類歷史漫漫長路中，建築已經從開始的「鑿牖為戶」的以保溫防寒為目的的人類避難所，發展到今天各種流派，各種風格，包含各種文化情緒的功能複合體。對民俗的考

察，可以幫助我們把握建築形制的源流，同時，建築形制的傳播和融合，也受到民間文化活動交流的影響，人類的習俗對建築形式的發展演變，起著潛移默化的影響作用，依文化人類學的角度，建築正是人類習俗的一種具象形式，建築的發展變化昭示著習俗的演變。建築及習俗的演變，在相互制約與影響中，完成了同構過程。

四、驛前鎮

驛前鎮位於江西省廣昌縣的最南端，與贛州市的石城縣、寧都縣和福建省的建寧縣接壤。宋紹興時曾設謹節驛於此，因村莊地處「梅林驛站」，故名驛前。撫河發源於境地內血木嶺，位於縣境南陲，南鄰石城縣小松、木蘭二鄉，西毗寧都縣湛田鄉，北接高虎腦鄉，總面積一〇六平方公裡。盛產白蓮、澤瀉、曬煙，均為廣昌主產區。該鎮澤瀉久負盛名，遠銷東南亞。驛前村四十多幢明清古建築保存完好。

驛前鎮歷史悠久，據族譜記載，唐代已有人在此居住。明代以後，驛前鎮人口漸多，依靠種植白蓮、曬煙、澤瀉（中藥材）的優勢，日趨繁榮，逐漸成為地區經濟中心，通過古驛道，影響遠達福建、廣東等地。據史料統計，當時的驛前鎮內有三十六個祠堂、二十四座廟宇、二百多幢商宅民居，全鎮現存有明清古建築五十餘處，有宗祠、家廟、官邸、民居、商賈店鋪等，雖然大部分古建築都遭到了不同程度的損壞，但建築的規模和樣式保留較完整，精美的磚雕木飾、粗大的用料都反映出當年的盛極一時，是江西省規模較大、保存較完整的古建築群之一。

　　驛前鎮古建築裝飾中的石雕多用於牌坊、碑刻、勾欄、踏步、柱礎、門框、抱鼓等。石雕題材受雕刻材料本身限制，通常採用的手法為浮雕，主要是動植物形象、博古紋樣和書法。在雕刻風格上，浮雕以淺層透雕與平面雕為主，圓雕整合趨勢明顯，刀法融精緻於古樸大方，沒有木雕與磚雕那樣細膩、繁瑣。[45]

　　石雕是一種須花費大量勞動的貴重裝飾手法。石雕裝飾的常見部分是在門楣周邊和框楣之間的部位，通常採用的手法為浮雕，即在裝飾的部位鑿出一定的凹凸起伏變化。驛前明清民居門面的框、楣之間，一般有一至三枚造型各異的釘柱，均為青綠色石質，這一部分的石雕手法為立體雕刻，也就是圓雕。這種方法使人從各個方位都能欣賞到釘柱。

　　磚雕曾經被作為建築等級的標誌，是一種須花費大量勞動的貴重裝飾方法。磚雕裝飾的常見部位在楣頂部位，也用於門楣周邊和框楣相交部位。這些部位的磚雕手法可為三種：

　　（1）燒冶：是在濕坯上以泥塑或模壓成型，入窯燒製而成。燒冶的磚雕，用於門面上的楣頂相交部位，即門頂的起簷處。這種磚雕作品，層次較少、棱角不銳，僅可遠觀，但加工方便。

　　（2）技燒：是對燒冶磚雕的進一步加工，使其棱口靈利、線角挺括，接縫細小，適於近觀。這種磚雕作品，多用於門面的

45　李田：《驛前明清古建築雕飾文化探幽》，《江西社會科學》二〇〇八年第十期。

門楣周邊。

（3）鑿冶：是以磚為材料，通過鑿刻製成。鑿冶的手法又可有如下幾種：即陰線、淺雕、深雕等。陰線即陰刻，有三種圖案：一是翎毛花卉、山水人物；二是花邊圖案，以串枝花卉或錦類圖案較多見；三是題字篆刻。淺雕，當地俗稱「粗刻」，只有一個大層次，表面不施以特殊技巧，翻折疊落較小，常與深雕混用。深雕，需鑿出兩個以上的大層次，表現的疊落較大。如「奉先思孝」匾額，上、下的三道磚雕，都是由這種深雕手法製作而成。[46]

再次是木雕。在驛前鎮的古建築中，木雕藝術廣為運用，多飾於額坊、梁柱、斗拱、華板、楓拱、駝峰、平盤斗、雀替、叉手、替木、梁臍、隔扇、窗欄等。雕刻技法有浮雕、圓雕、透雕等，或多種技法交替使用，相得益彰，使雕刻更加精彩生動。[47]如「清吸盱源」，又名「船形古屋」，為明代雲南按察使賴巽省親別墅，酷似一艘逆水而上的官船，亭式屋頂、藻井、樓頂重簷，氣勢恢宏，雕有纏枝牡丹、流雲花卉、人物圖案，造型富麗堂皇，梁部的雕刻多集中於梁枋的中央與兩端，採用浮雕、線雕等，題材包括人物故事、生活場景、花草鳥雀、祥禽瑞獸、建築房舍等，有的保持原木本色，有的雕刻後設色瀝金，整座船屋用

46 肖學健、李田：《驛前明清民居的門面裝飾》，《裝飾》二〇〇三年第六期。

47 李田：《驛前明清古建築雕飾文化探幽》，《江西社會科學》二〇〇八年第十期。

杉、桉、樺接合，柱梁楚楚，古樸莊重，雕工精湛，剔透有致。

江西具有悠久的歷史和燦爛的傳統建築文化，很多傳統建築文化的構成要素形成了歷史的積澱，延續至今，成為優良的傳統。江西地區傳統建築文化的精髓、傳統建築文化在歷史發展的過程中，經過歷代人的總結提煉，形成許多鮮明的特點。某些構成要素具有極強的生命力和廣闊的適應性，能在建築文化的發展過程中適應新的條件，繼續發揮著它們的積極作用。

第五節 ▶ 建築禮儀

中國素被稱為「禮儀之邦」，所謂禮，指的就是約束全社會的一套行為規範與準則，其中有的是習慣法，有的則是明載典籍的條文法。在建築方面，也有一套完整的營建禮制。這是制約與規範建築民俗的重要因素之一。而來自宗教或民間自發形成的信仰與禁忌習俗，如「風水」、「相宅」等思想因素，也對民居建築的形成與發展產生了重要的影響，構成建築民俗重要方面。在大的營建禮制「大傳統」的影響和江西地方文化環境的雙重制約下，江西建築與居住民俗豐富多彩，適應了江西民眾的建築與居住需要，表達了人們對建築與居住方面的美好願望。

一、營建禮制

中國傳統時代，一切准之以禮，營建方面有一套完整的禮制。據《周禮》的記載，早在周代就形成了等級嚴格「營國」制度，其中不僅規定了不同等級的營建規格，而且對城池的布局和

功用也作了相應的規範。如天子所在的王城，等級最高，布局亦最完整：

> 匠人營國，方九里，旁三門。國中九經九緯，經塗九軌，左祖右社，面朝後市，市朝一夫……周人明堂，度九尺之筵，東西九筵，南北七筵，堂崇一筵，五室，凡室二筵。室中度以几，堂上度以筵，宮中度以尋，野度以步，塗度以軌，廟門容大扃七個，闈門容小扃三個，路門不容乘車之五個，應門二徹三個。內有九室，九嬪居之。外有九室，九卿朝焉。九分其國，以為九分，九卿治之。[48]

天子所在的王城，有高大的城雉，寬闊的道路。諸侯所在之城，規制須依不同的等級而相應降低，不能超過王城：

> 王宮門阿之制五雉，宮隅之制七雉，城隅之制九雉，經塗九軌，環塗七軌，野塗五軌。門阿之制，以為都城之制。宮隅之制，以為諸侯之城制。環塗以為諸侯經塗，野塗以為都經塗。[49]

《周禮》對「匠人營國」制度的詳細論述，為後來歷代營建

48　《周禮‧考工記‧匠人》。
49　《周禮‧考工記‧匠人》。

禮制的逐步完備奠定了基礎。歷代對涉及建築的事項，都有嚴格的規範，以維護和強化嚴格的等級制度。到清代，《大清會典》對民居建築的規定，包括房屋的形制、規模，正門、殿堂、寢樓的規格大小、台基高矮、開間數目、梁架彩繪、門釘數目、屋脊吻獸、壓脊小獸的數目、屋瓦的顏色等等，幾乎涉及建築的所有方面。比如親王府制：

> 正門五間，啟門三，繚以崇垣，基高三尺。正殿七間，基高四尺五寸。翼樓各九間。前墀護以石闌，台基高七尺二寸。後殿五間，基高二尺。後寢七間，基高二尺五寸。後樓七間，基高尺有八寸。共屋五重。正殿設座，基高一尺五寸，廣度十一尺，後列屏三，高八尺，繪金雲龍。凡正門殿寢，均覆綠琉璃瓦，脊安吻獸，門柱丹腹，飾以五彩金雲龍紋，禁雕刻龍首，壓脊七種，門丁縱九橫七。樓房旁廊，均用筒瓦。其府庫、倉廩、廚廄及典司執事之屋，分列左右，皆板瓦，黑油門柱……公、侯以下至三品官，房屋基高二尺，門柱飾黝堊，中梁飾金，旁繪五彩雜花。唯二品以上房脊得立望獸。公門鐵釘，縱橫皆七，侯以下遞減之五。四品以下及士民房屋，基高一尺，其門柱、中梁旁繪採花，與三品以上官同。[50]

50　陳琦：《中國古建築尋禮》，《浙江工藝美術》二〇〇七年第三期。

傳統的營建禮制，尤其注重某些建築元素的規範。例如屋頂的設計和裝飾，都有嚴格的規定。屋頂的設計，當然首先要考慮實用因素，尤其是防火的需要。屋脊的兩端，便如獸角般彎起作為構圖的收束，這個部分後來稱為「正吻」。漢代以後，正吻多半裝設一種名叫「鴟尾」的圖案。《唐會要》指出：

> 東海有魚，虬尾似鴟，因以為名，以噴浪則降雨。漢柏梁災，越巫上厭勝之法，乃大起建章宮。遂設鴟魚之像於屋脊。畫藻井之文於梁上，用厭火祥也。今呼為鴟吻。[51]

　　據說鴟尾是佛教傳入後帶來的一種意念，所謂「虬尾似鴟的魚」就是「摩詰魚」，即今日所稱的鯨魚。鯨魚會噴水，因此將它尾部的形狀放在屋頂上，象徵性地希望它能產生「噴水」的防火作用。除了魚和龍等水中動物之外，跟著也把很多象徵吉祥的瑞獸搬到屋頂上面去，城門樓的正吻就用「脊獸」或者說「獸吻」，垂脊之前有飾脊，四角的角脊則排列著一排「套獸」。也有一些屋頂將正吻和垂脊發展為「鰲尖」，高高向上翹起，目的是取得更為活潑的屋頂輪廓線，改用「鰲尖」同樣是基於寓意於魚的「防火」觀念。屋山的三角形頂角上，很多時候都加上「懸魚」和「惹草」，這也是一種由象徵性的「防火」觀念而來的裝

51　（宋）王溥：《唐會要》卷四十四《水災下‧雜災變》，中華書局一九五五年版。

第七章‧建築與居住民俗

飾。惹草是一種水生植物，與「懸魚」配合在一起是順理成章的。這也是一類純粹裝飾的構件，到了後期在形狀上有了很大變化，魚的形狀不見了，成為蝙蝠、如意等形狀，「懸魚」只被看作是一種山牆構造的制式。[52]

屋頂的體量大小，足以成為建築的重頭戲，其等級限制也十分嚴格。中國的傳統屋頂主要有六種：房殿、歇山、攢尖、懸山、硬山和卷栩。房殿是最尊貴的屋頂，只有帝王的宮殿、陵寢或皇家御準才能使用。歇山是一種高級的屋頂，王公將相、達官貴人的府第和重要的建築物才能使用。房殿和歇山都可以設計成重牆。攢尖屬於四面坡的屋頂，在形式上較為自由。民居多半是採用懸山、硬山和卷栩等兩面坡的人字形屋頂。禮制也同樣反映在屋脊的裝飾上，高級的屋脊用龍的九子做裝飾，以克火。清代的太和殿地位最為尊貴，因此又加了一個仙人行什，共計十個。[53]

《禮記·禮器》中記載「天子之堂九尺，諸侯七尺，大夫五尺，士三尺」。這裡的「堂」，指的是「台基」。《大清會典事例》中規定「公侯以下，三品以上房屋台基高兩尺，四品以下至庶民房屋台基高一尺。」六朝佛教大量引入之後，一些高等級的建築物的台基開始出現了須彌座，到了唐代，須彌座已經成為

52 董茜、李金燕：《禮制思想在中國傳統建築裝飾中的體現》，《山西建築》二〇〇八年第九期。

53 陳琦：《中國古建築尋禮》，《浙江工藝美術》二〇〇七年第三期。

了一種普遍的台基形式，並由一重、二重、三重須彌座來作進一步細分。

南昌祀奉徐真君的萬壽宮，原建於翠花街，現移建於象湖。其名稱自唐以來，經歷了一個由「祠」到「觀」，再由「觀」到「宮」的轉變過程，這實際就體現了營建禮制在地方建築方面的影響與制約作用。萬壽宮源於早期民間自建的「旌陽古祠」；唐懿宗時賜名「鐵柱觀」；宋真宗改其名為「景德觀」；宋徽宗賜名「延真觀」；宋寧宗又升格賜名「鐵柱延真之宮」，懸御匾於宮門之上。萬壽宮名稱的變化，也象徵著其地位的不斷升格。如今在象湖上重建的萬壽宮的規模，與許真君在祀典中的崇高地位非常相符。

例如地方官對廣昌、定南、安遠一帶的「素秉禮義」的建築民俗，就極為推崇：

> （廣昌）往宮室服食，制皆古樸，昌邑素秉禮義，無或紊者。[54]
>
> （定南）屋宇器用服物飲食，皆尚簡樸，衣冠之家與村堡，俱從儉約。[55]
>
> （安遠）工尚堅朴，陶人梓人匠人無奇技淫巧，故所作

54 康熙《廣昌縣志》卷一《風俗志・宮室服食》。
55 乾隆《定南廳志》卷十二《風俗》。

器用宮室常守高曾之規矩焉。**56**

但隨著社會的發展，刻板的營建禮制常常被突破，形成營建方面「僭禮越制」的情況。首先，民間的建築往往「頗事雕鏤」，追求奢華。如：

> （南昌）居室頗事雕鏤，然尚堅固。**57**

民間對這種「頗事雕鏤」的情況並未排斥，往往是「相效成風」：

> （南康府）邇□輒□華構，高堂廣廈，飾以丹腹，齊民相效成風，有工匠未離，而業已屬之他人者，鄉村小民誅茅築土，僅蔽風雨而已，星、安猶不甚僭侈，他邑稱極弊焉。**58**

在蓮花一帶，民間建築不僅競尚奢華，其建築的「高堂巨第」甚至「僭擬公卿」，這無疑是有犯「律禁」的：

56　同治《安遠縣志》卷一之八《風俗·工役》。
57　民國《南昌縣志》卷五十六《風土》。
58　康熙《南康府志》卷一《封域·風俗·宮室》。

（蓮花）曩通定制，懼犯律禁，今則士庶高堂巨第，僭擬公卿，至破產為之弗顧矣。[59]

二、傳統聚落規劃

　　江西的傳統聚落，基本上是聚族而居的「熟人社會」，宗族和血緣是這種社會中維繫人際關係的基本紐帶，是保證其發展的穩定的力量。宗族結構對聚落形態的影響，主要表現為宗族凝聚力這種向心力的作用。對內，它表現為同一宗族成員住宅以宗祠為核心的內向布局方式；對外，則表現為非同宗成員間各自借助血緣聯繫獲得的整體宗族力量間的抗衡，這是一種排斥性的力量，它使宗族領域間保持適當的距離。無論是宗族權力在江西傳統社會基層的實施，還是宗族結構在聚落上的物化，都是分別以大宗祠（總祠）、房祠（支祠）、家祠為中心構成的自上而下的層級系統，並且在不同的實體空間拓撲變形。它具體表現為：在系統的最底層，聚落中至親的成員的住宅相距最近，甚至相互毗連——住宅間的聯繫甚至不需要通過外部巷道，只要通過住宅內部的廊道即可相通。在最底層之上，親緣關係稍遠的聚落成員之間，如同一房的親族間，其住宅相隔一定的距離，不能成為毗鄰的鄰里，但它們均鄰近該房的支祠布置，處於同一中心的統攝之下。房際、堂際成員住宅間的聯繫，表現為既共同擁有總祠這一大中心，又受到本房或本堂的支祠（副中心）的吸引。此時，

第七章・建築與居住民俗

副中心的作用力要強於大中心，不同的支派之間由於存在相對獨立的利益而保持適當的距離，街巷、水系等都可能成為其間的界線。族內各支派間的糾紛還可能使不同支派的祠堂和住宅採取截然不同的朝向，進一步異化這些支派聚居團塊的屬性。總之，在這種層級結構中，越處於底層的聯繫越加緊密，越上層的聯繫越疏鬆，是與宗族血緣的親疏原則相一致的。因此，對聚落整體而言，其形態就是一個多層次的簇狀群體，每個簇群都有自己的中心（祠堂）和一定的聚居範圍。[60]

傳統的聚落規劃與房屋設計，也強調建築與自然環境的和諧統一。如安源的古民居建築，就在選址、色彩選擇、朝向等方面，與自然環境渾然天成：

> （安源）古民居建築重視宅居與自然環境的和諧，方位多為依山傍水而建，坐北朝南，磚牆青瓦，整體色彩效果白牆黑瓦，樸素典雅。豪門大戶牆體高大，南北磚牆齊平，東西山牆（又稱馬頭牆、風火牆）高於屋頂，高低錯落，馬頭（俗稱垛子）高翹，牆頭與天空輪廓分明，為典型的江南民居特色，形成村落與自然環境渾然天成的優美意境。[61]

60　潘瑩、施瑛：《論江西傳統聚落布局的模式特徵》，《南昌大學學報》
　　　（人文社會科學版）二〇〇七年第五期。

61　《安源區志》，第二十三卷《風俗、宗教》第一章《生活習俗》第二
　　　節，宅居。

三、擇地和建房

舊時，人們建房，都要請「地理先生」放羅盤，擇地基，忌羅盤絕線、斷線。房屋一般要求坐北朝南，忌諱坐南朝北，民間有「坐北朝南，沒吃也清閒；坐南朝北，神仙住不得」之說。地勢方面，東西方向無所謂，最忌南高北低，俗說：「前（南）高後（北）低，主寡婦孤兒；後高前低，主多牛馬。」這些其實也是以一定的地理、氣候環境為依據的，人們都是把房屋建在山南水北的向陽處，而不會建在山北水南的背陰地裡。村落地址的選擇，因地形、氣候、生產和生活習慣不同而有所差異，但依山面水、背風向陽都是共同尋求的目標。

舊時民間建房很講究。在格局上，一般以一院四屋為定格。主房、偏房、廚房、廁所各有定位，不可錯亂，否則認為不吉利，對於家院宅基地的形狀，一般認為，房基地勢應前低後高，忌前高後低。同居一處的各家，建房的高度要大體一致。屋右建新房忌提前出格，只能並排或排後，認為左青龍，右白虎，犯了白虎手，屋不好住。峽江縣忌右屋高於左屋。認為會導致人畜不順，忌前屋高於後屋，以防擋住財氣。前後兩房的高度一般要相同，蓮花縣有「前雁高一寸，高得後屋沒屋困（睡）；後屋高一尺，高得前屋沒飯吃」之說。

門，是家的代稱，一般稱成家立業為「立門戶」。大門講究朝向，古時就有門向宜忌的說法。

一般忌對圍崗、水塘，如無法避開，則在離大門幾丈外建一短牆，擋住「煞氣」。主屋大門忌正對著前屋牆腳或煙囪，有的

便在門前加砌一牆，或豎一石牌，石牌上寫「泰山石敢當」，以驅邪去惡。同一座房屋，門的開向必須一致，忌諱一房多門。門又朝前開又朝後開，一般稱「鬼推磨」，很不吉利。

門前環境，涉及整個房宅布局，因而也有所禁忌。屋前屋後一般喜種樹木、楠竹，後山林木更是嚴禁砍伐。大門前一般忌建廁所、屋後忌栽棕樹，有「前不開東（廁所），後不栽棕」之說，否則認為不吉利。安遠縣忌在門前種棕、屋後種油桐，認為「屋前莫種手叉叉，屋後莫種鬼打石」。屋前屋後忌亂動土。「後龍山」上最忌亂砍樹。總之，這一類關於建房中門的開向、方位的禁忌，一是與「開門卜吉凶」的俗信有關，一是與「門為家防之用」的俗信有關，都力求避凶趨吉。

另外，關於建房立門的日期，一般忌空房，忌「三煞日」。即忌七月，說是七月為鬼節，不宜辦喜事。砌灶則忌雨日、忌正月，說是正月犯煞戒。

蓋新房安大門時，萬安縣一般要貼紅紙，屋簷倒板要塗成紅色，做屋上梁過程中，一般忌說「倒」、「跌」、「散」等，做屋的正梁木料忌人從上面跨過。樓梁瓦桁數目一般要逢單，認為逢雙遭凶，不發人（不興旺）。在砍樹做梁時，不能叫「放倒」，應叫「放下來」。樹放下後，應根朝東、梢朝西，待水分晾乾後，再按規格製成屋梁。新屋室內的擺設也有禁忌，一般飯桌不可擺「箭桌」（桌面木縫與門垂直），鋪床不可鋪背梁床（與樓梁平行）。做灶不可做「背梁灶」（與樓梁平行），江西各地對新屋的選址、朝向等都極重視，如贛縣一帶：

（贛縣）與建房屋，為縣民生活大事。舊時，破土動工、安門、上梁，皆擇吉日良辰。屆時貼畫符、八卦、楹聯、喜帖、鳴爆，以祈吉利，屋主並須宴請泥、木匠人及雜工。新中國成立後，貼畫符、八卦者日少。[62]

安義縣不僅要選黃道吉日，還要在奠基之日焚香、燒紙、放鞭炮：

（安義）昔時，農家建房需請風水先生選擇黃道吉日，看地定向。破土奠基之日要焚香、燒紙、燃放鞭炮。[63]

新屋開建時，江西各地也極為重視。在九江一帶有請「起工酒」的習慣：

（九江市）建屋動工日，須例請承建匠作，叫做「起工酒」，有的地方酒席上必備雞一隻。吃法有常規，石工雞腳爪，泥工雞頭、翅膀、白肉，木工雞腿，瓦工雞頸，土工內臟與雞肋。[64]

---

62 《贛縣志》第三十二篇《風俗、宗教》第四章《禮儀習俗》第五節，屋慶。

63 《安義縣志》卷三十二《風俗、宗教》第一章《風俗》第二節，生活習俗。

64 張軒主編：《九江市風俗志》，第116-118頁。

南昌市一帶「做新屋」，也要挑吉日良辰，也請「開工酒」：

　　（南昌市）南昌人做新屋，講究風水，要挑選吉日良辰。破土時要放鞭炮，請工匠吃開工酒。[65]

九江一帶建房叫「豎屋」，定屋基時也極慎重，有宰雞、動土、祭地、開牆板等環節：

　　（九江市）建房叫「豎屋」。豎屋先定基。舊俗定基請風水先生測向定樁，擇日破土動工。開基日，有的地方宰公雞一只，取血拌以茶葉先撒基地四周，再用鋤向四周各方略挖幾鋤，謂動土。在破土前須向土地叩拜，稱「祭地」。牆腳砌就後打土牆。要「開牆板」。舊俗開腳落腳（指牆腳）和開牆板，忌聞哭聲，因傳孟姜女哭倒過長城，聞哭聲，此屋基不固。[66]

四、裝修裝飾

　　裝飾圖案的用量、門窗絡紋花樣、雕刻題材、彩畫式樣也有數量和等級規則，《唐會要・輿服志》就記載：

65　《南昌市志》第七冊，卷三十五《民情風俗》第二章《風俗習慣》第二節，生活習俗。

66　張軒主編：《九江市風俗志》，第 116-118 頁。

> 王公以下，舍屋不得施重栱藻井……仍通作烏頭大
> 門……士庶公私第宅，皆不得造樓閣，臨視人家。庶人所造
> 堂所……仍不得輒施裝飾。[67]

《明會典》規定：只有五品以上官吏所建的房屋梁柱間許施青碧彩繪，屋脊許用瓦獸。

裝飾色彩也體現著嚴格的等級秩序。中國建築裝飾藝術中所運用的色彩和彩畫，是建築等級和內容的表現手段。屋頂的色彩最重要，黃色（尤其是明黃）琉璃瓦屋頂最尊貴，是帝王和帝王特准的建築（如孔廟）所專用。宮殿以下，壇廟、王府、寺觀按等級用黃綠混合（剪邊）、綠色、綠灰混合；民居等級最低，只能用灰色陶瓦。主要建築的殿身、牆身都用紅色，次要建築的木結構可用綠色，民居、園林雜用紅、綠、棕、黑等色。梁枋、斗拱、椽頭多繪彩畫，色調以青、綠為主，間以金、紅、黑等色。

當然，民居建築的這些外牆裝飾，與房主的經濟社會地位是直接聯繫的。在贛縣一帶，宗祠和富戶將高牆粉上白灰，漆上門窗，而一般民房則無裝飾：

> （贛縣）舊時，除宗祠和富戶的高樓大院為石灰粉牆、

油漆門窗、雕梁畫棟外，一般民房簡陋，無裝飾。**68**

在江西大部分古村落民居中，經常可以看到房門之上懸掛著「照妖鏡」。人們認為，鏡子可使鬼魅現出原形。漢郭憲《洞冥記》曰：

> 「釣影山去昭河三萬里，有雲氣望之如山影。丹霍生於影中，葉浮水上。有柴河萬里，深十丈，中有寒荷，霜下方香盛。有降靈壇、養靈池。分光殿五間、奔雷室七間、望蟾閣十二丈，上有金鏡廣四尺。元封中有祇國獻此鏡，照見魑魅，不復隱形。」**69**

於是農民建新宅時，多將普通小圓鏡鑲嵌於大門頂端正中部位，民間以為此能「驅鬼怪，鎮妖邪，保平安」。今雖仍可見到，但已變為裝飾為主，也有鑲嵌菱形鏡的。此鏡的作用與「石敢當」的作用異曲同工，皆是為了趨吉避凶，祈禱平安。在南昌市，喬遷之後，有在門楣上掛鏡子或桃符以鎮邪，或豎「泰山石敢當」碑的：

68　《贛縣志》第三十二篇《風俗、宗教》第三章《生活習俗》第四節，居住。

69　（漢）郭憲：《洞冥記》，葉桂剛、王貴元主編：《中國古代十大志怪小說賞析》上，北京廣播學院出版社一九九二年版，第4頁。

（南昌市）喬遷之後，有的在門楣上掛一面鏡子或桃符，以擋邪惡。住房大門若正對著大路或牆角的，有的便在門前加砌一堵牆，或豎一石碑，上寫「泰山石敢當」字樣，以驅邪去惡。此俗在個別農村仍有所見。[70]

五、上梁

上梁是建宅的重要環節，一時隆重。上梁還要送禮賀喜。上梁都在早晨。南昌縣一帶上梁時，人們高喊上梁，鞭炮大作，先祭祀鬼神，祭祀完畢後將事先準備好的鐮刀、尺子、鏡子、秤桿等固定在米篩上，懸掛在堂屋的牆上，民俗信仰中認為「鬼怕尺量」，凡化成美女一類的鬼魂，用尺一量便現出原形；鐮刀能使魔鬼望而生畏；鏡子是「照妖鏡」；秤桿是區別人、鬼的標準；米篩則起天網的作用，天網恢恢，疏而不漏，豈懼鬼神！如果這樣還不放心，人們就在牆角下砌一塊石頭，上刻「泰山石敢當」五字，以避邪氣。木匠一人高居屋頂，一手執斧，一手端茶葉米盤，一邊喝彩，一邊鳴鞭炮，將梁徐徐架上。接著又有「拜梁」「招寶」活動，氣氛熱烈，高潮迭起。

上梁後，土木匠手拿五個饅頭，登上正梁，一邊一個拋向各方，一邊唱上梁歌。唱畢，主人家又送上饅頭、花生、紅棗、爆米花等討口彩食品，由老司頭向下拋撒，地下許多人搶接，歡聲

---

70 《南昌市志》第七冊，卷三十五《民情風俗》第二章《風俗習慣》第二節，生活習俗。

如潮。此日，主人家要擺酒請工匠和親友，還給老司頭送上梁紅包。如房屋由老司頭或建築單位包建，禮儀從簡，上梁掛長紅和放鞭炮的習俗與傳統的一樣。九江市一帶民間非常重視上大門梁，上梁之前須擇吉日，並準備好各色裝飾：

> （九江）上大門梁須擇吉日，門梁兩端底部壓五色布條，或門架頂兩角掛五色彩布，五色彩布代表五方神主（東青、南赤、西白、北黑、中黃）護衛，表示大吉大利。門檻底用銅、鐵片代金、銀墊底。還要擺香案祭天，俗稱「千斤大門四兩屋」。[71]

上梁之日，則由親朋鄰里送禮道賀，幫忙上梁。上梁時、泥水木匠各有分工：

> （九江）上梁須擇吉日良辰。親朋鄰里要給主人送禮道賀。賓客要提前到達。參加捧柱腳、搬磚瓦以湊熱鬧。棟梁之材從砍伐、搬運到製作有不可著地之俗。上梁時，泥水木匠一人一頭提梁上棟。吉辰一到，急切安梁。此時爆竹轟鳴，鑼聲大作，各柱腳原墊有竹箸。這時抽去，正式落地。安梁畢，一般釘上四個椽，安放幾片，以表蓋就之意。[72]

71　張軒主編：《九江市風俗志》，第 116-118 頁。
72　張軒主編：《九江市風俗志》，第 116-118 頁。

上梁時，木工師傅和幫工者之間有各種歌謠相伴，祈願戶宅興旺：

> （九江）木工將砍下的梁柱抬出來放在木碼上，由一老工師傅，動斧掌彩，每一句都由幫工者和彩「好哇!」其彩詞是：「一路仙斧魚鱗甲，二路奔鋤放光芒，三推長刨龍擺尾，四推短刨鳳朝陽，五鋸介來金雞叫，六鋸介來鳳求凰，土地送我千年柱，神仙賜我萬年梁。」[73]

上梁儀式的高潮是「拋梁」環節，不僅泥水匠都須參加，主家男婦和村中老少也來「搶上梁粑」：

> （九江）這時泥水匠各提一籮米粑或饅頭開始拋擲，謂之「拋梁」。有主家男女四人拉開被單先接。俗謂「先利自家」。然後念拋梁歌（歌詞是：手執金雞似鳳凰，天生頭高尾又長。高頭頂的金寶頂，尾長盤的萬年梁。我把金雞祭梁頭，兒孫拜相又封侯。我把金雞祭梁尾，子孫萬代享富貴。我把金雞祭梁身，吉星高照萬年春），向東西南北各拋一對饅頭或米粑，再看人多處亂拋。此時，村中老少聽到爆竹鑼聲。紛紛趕來爭搶，俗謂「搶上梁粑」。籮中粑或饅頭，必

剩數只。謂「有餘剩」。[74]

南昌一帶上梁時也有類似的環節，當地稱之為「打發」：

> （南昌市）待房屋框架豎立後，立即上梁，屋梁要紮紅綢、繪畫，屋柱貼紅對聯，放鞭炮祝賀。上好梁後，有人在屋梁上向下拋糖果、香煙、米糕等，讓觀光的人搶吃這些食物，叫做「打發」，再請工匠和親友吃上梁酒。[75]

安義縣上梁時的「打發」叫「祝梁」：

> （安義）上梁時，大梁披上紅布，書以「吉星高照」橫幅，房主夫婦拜梁，泥工、木工分立兩邊，敲鑼喝彩，拋擲饅頭、大米、硬幣等，稱為「祝梁」。[76]

上梁時還有各種講究，諸如在梁上纏紅布紅綢、掛長粽和八角錘、懸燈籠、懸米篩、貼紅紙、掛雞籠、樹翠竹等，各有美好的寓願：

---

74 張軒主編：《九江市風俗志》，第 116-118 頁。

75 《南昌市志》第七冊，卷三十五《民情風俗》第二章《風俗習慣》第二節，生活習俗。

76 《安義縣志》卷三十二《風俗、宗教》第一章《風俗》第二節，生活習俗。

（九江）上梁時，梁纏以紅綢或披紅布，梁的兩頭分別
掛紅黃藍白黑五色布條和一對木制八角鎚及一對長粽。八角
鎚俗謂鎮邪，「長粽」寓意「宗長」，代代相傳，人丁興旺。
粽旁各掛燈籠一盞，以示明亮。梁中間懸一面米篩。米篩中
縛以銅鏡、剪刀和泥水匠的泥刀和木工的墨斗、角尺。米篩
謂「千只眼」，銅鏡謂「照妖鏡」，剪刀和尺謂上古神人軒
轅所傳之寶，都與驅妖鎮邪有關。梁柵中間貼大張紅紙，上
書「紫微拱照」四字。其中照字下面必須省去一點。因四點
為火，為豎屋最忌。梁柵一頭掛一雞籠。籠裡掛二只白雄
雞，叫「長生雞」。也有鎮邪之意。棟梁柱旁各樹一根翠
竹，謂之「長生竹」，寓「萬古長青」之意。**77**

九江一帶上梁時在各屋柱上還須貼對聯，祝願吉祥。上梁時
還須祭天地神和魯班師：

（九江）各屋柱上貼對聯。多為「上梁喜逢黃道日，立
柱幸遇紫微星」、「黃道臨門歸百福，紫微當戶納千祥」一
類的祝願吉辭。上梁時辰如遇下雨。俗謂「屋宇屋宇，豎屋
逢雨」最為吉利。上梁須敬神，先祭天地神，後祭魯班師。
祭品為香燭、酒、三牲、五穀、五金屬品、紅布。**78**

---

77 張軒主編：《九江市風俗志》，第 116-118 頁。
78 張軒主編：《九江市風俗志》，第 116-118 頁。

第七章・建築與居住民俗

九江一帶上完梁後，有所謂的「上梁午宴」與「豎屋酒」，
親友送來禮物，戶主宴請酬謝親鄰和師傅：

> （九江市）上梁午宴與豎屋酒。豎屋酒由女婿相送。親
> 友多送米粑、米酒、糯米、米糕、紅包（錢）。賀禮中有喜
> 聯，朋友則送畫軸。所有賀聯、畫軸均掛新屋牆上。朋友為
> 大，掛中堂，女婿守門掛邊沿。酒席上座位也有通例，首先
> 是匠作，其序為石、泥、木、瓦，然後親朋按輩分年齡依次
> 而坐。豎屋所需勞力，除匠作外，都由親鄰無償幫助，故豎
> 屋酒也含酬謝親鄰之意。[79]

六、遷居

新房建成後，一般當年要搬過去過年，當年不搬，便要隔兩
年才能搬遷。遷居新房前，吉安縣要讓鐵匠在新屋裡打鐵三天，
以驅邪氣。遷居新屋時，有看皇曆揀日子的迷信舊俗，以圖吉
利，多忌空房日，俗話說：「氣運不足，賴神賴屋。」在贛縣，
新屋落成與喬遷，都有「下水」、「喬遷」等儀式，還有大型的
宴會，以招待賀客與匠人：

> （贛縣）新屋落成，謂「圓房」，俗稱「下水」，設筵酬
> 謝匠人、幫工和親朋。泥、木匠師傅坐首席。擇日搬遷，謂

　79　張軒主編：《九江市風俗志》，第116-118頁。

「喬遷」，俗稱「搬火」。由原灶點火接至新灶，叫「接火種」。接火時貼灶君，設香設供，親友近鄰送禮祝賀，主人設筵答謝。[80]

南昌的喬遷儀式也很隆重，喬遷前要揀日子，喬遷時要放鞭炮請客：

（南昌市）喬遷群眾遷往新居，有看黃曆揀日子的迷信舊俗，以圖吉利。喬遷之日，放鞭炮祝賀，有的還請親友喝酒。[81]

九江一帶的喬遷也極重要。在遷居新居之前，屋主即正式發帖知會親友；遷居前三日，有鎮宅儀式和祭神儀式，之後要行「分香火」禮；遷進新屋時，要安放「天地國親師」字位，並按分工各家庭成員都須攜一物進新居：

（九江市）居新屋必先定吉日並發貼知親友。遷入前三天，有的地方要先鎮宅，用磚瓦各二，埋在房棟柱腳。同時要設祭禮祭神，先謝佛祀天，再請回灶神、豬欄神、門神

80　《贛縣志》第三十二篇《風俗、宗教》第四章《禮儀習俗》第五節、屋慶。

81　《南昌市志》第七冊，卷三十五《民情風俗》第二章《風俗習慣》第二節，生活習俗。

等。有的地方是在老屋先行祭祖，然後把帶有舊香爐裡的香灰和三炷香的新香爐或碗放於一披紅布的小桌上，移於新屋。謂之「分香火」。進新屋後，即在廳堂貼「天地國親師位」等字，設三牲。全家跪拜。進屋後，先燒一滿籃飯，然後全家長幼男女手中各攜一物並一燈籠，三炷香。各人所攜物件：外當家為算盤、秤、賬冊；內當家為籮筐、飯甑；其他男人為農具；婦女炊膳用具；小孩背書包等。不可空手。各地大同小異。新屋開灶，須由主婦進柴燒火。燒柴必須以芝麻稈為先，按次為豆稈、稻稈、麥稈等。均係田柴，表示五穀豐登並象徵生活美好。[82]

安義一帶遷居時，戶主全家也有類似的舉動，稱為「香火不斷步步高」：

> （安義）遷居之日，全家凌晨即起，依次手持長香、大米、谷桶、樓梯、火種等物件，謂之「香火不斷步步高」，然後鳴炮，步入新宅。[83]

屋主邀請的親友，在參加遷居禮時也須送上禮物，主人則設

82　張軒主編：《九江市風俗志》，第 118-119 頁。

83　《安義縣志》卷三十二《風俗、宗教》第一章《風俗》第二節，生活習俗。

席招待之：

　　（九江市）遷居新屋，親朋需送米酒、麵條、肉、對聯、畫軸等禮物以表恭賀。遷居畢，戶主設宴招待賓客及鄰里親友。酒席頗為豐盛。此日，新居張燈結彩，門窗楹柱必貼以喬遷之喜的對聯。新中國成立以來，遷居中帶有迷信色彩的儀式多已棄除，其餘尚沿用。[84]

　　在九江一帶，遷居儀式還有一個重要的環節，就是建新灶，事先要挑好日子，施工時有殺雞點燭祭灶神儀式，建好灶請回灶神後，還有炒五穀、爆糯米花等儀式，象徵「宜五穀」、「會發」等含義：

　　（九江市）建新灶多係因遷新居及分家而為。建灶要挑日子，按女主人的「八字」擇定。俗信這樣的灶好燒……新居灶施工前於擬定灶基上鋪張大紅紙，點紅燭，並罩一只大雞於其上。待動工時辰到，撤出雞、紙再行施工。或先殺雄雞淋雞血以奠基。若是舊灶翻新，先一日夜裡設祭送走灶神，然後拆去舊灶。新灶要當日建成。灶門忌朝東，出煙時辰一到，不論竣工與否，必取柴草置新灶燒之，煙囪冒煙便可，建灶畢，設禮祭新灶，請回灶神，有些地方祭灶神必用

84　張軒主編：《九江市風俗志》，第118-119頁。

開灶時所殺那只雞。同時取谷、麥、豆之類以炒，謂之「宜五穀」。取糯米爆成花，謂之「會發」。或蒸甜米糕，寓日後日子過得甜蜜，生活年年高。[85]

建新灶時，親友須送饅頭等禮物，灶成當夜，主人要設宴招待親友和泥水師傅：

（九江市）建新灶，親戚須送禮，多為饅頭之類。灶成的當夜，主人設宴招待，泥水師傅坐上首，敬神之雞的雞腿必敬泥水匠，倘泥匠客氣，主人也以紙包之，讓他帶回。第二天多以爆米花並炒大豆饋贈鄰居。[86]

（南昌市）房屋竣工時，還要請工匠和親友吃圓工酒，慶祝新屋落成。[87]

85　張軒主編：《九江市風俗志》，第 118-119 頁。

86　張軒主編：《九江市風俗志》，第 118-119 頁。

87　《南昌市志》第七冊，卷三十五《民情風俗》第二章《風俗習慣》第二節，生活習俗。

江西文庫 A0701B35

贛文化通典（民俗卷）　第三冊

主　　編	鄭克強
版權策畫	李　鋒
責任編輯	楊家瑜

發 行 人	陳滿銘
總 經 理	梁錦興
總 編 輯	陳滿銘
副總編輯	張晏瑞
編 輯 所	萬卷樓圖書股份有限公司
排　　版	菩薩蠻數位文化有限公司
印　　刷	維中科技有限公司
封面設計	菩薩蠻數位文化有限公司

出　　版　昌明文化有限公司

桃園市龜山區中原街 32 號

電話 (02)23216565

發　　行　萬卷樓圖書股份有限公司

臺北市羅斯福路二段 41 號 6 樓之 3

電話 (02)23216565

傳真 (02)23218698

電郵 SERVICE@WANJUAN.COM.TW

大陸經銷　廈門外圖臺灣書店有限公司

　　電郵 JKB188@188.COM

ISBN 978-986-496-355-3

2018 年 1 月初版

定價：新臺幣 380 元

如何購買本書：

1. 轉帳購書，請透過以下帳戶

　合作金庫銀行 古亭分行

　　戶名：萬卷樓圖書股份有限公司

　　帳號：0877717092596

2. 網路購書，請透過萬卷樓網站

　　網址 WWW.WANJUAN.COM.TW

大量購書，請直接聯繫我們，將有專人為您

服務。客服：(02)23216565 分機 610

如有缺頁、破損或裝訂錯誤，請寄回更換

版權所有·翻印必究

Copyright©2016 by WanJuanLou Books CO., Ltd.

All Right Reserved　　　　**Printed in Taiwan**

國家圖書館出版品預行編目資料

贛文化通典. 民俗卷 / 鄭克強主編. -- 初版.
-- 桃園市：昌明文化出版；臺北市：萬卷
樓發行, 2018.01
　　冊；　　公分
ISBN 978-986-496-355-3 (第三冊：平裝). --
1.民俗 2.江西省
672.408　　　　　　　　　　　107002014

本著作物經廈門墨客知識產權代理有限公司代理，由江西人民出版社授權萬卷樓圖書
股份有限公司出版、發行中文繁體字版版權。

本書為金門大學華語文學系產學合作成果。　　　**校對：陳裕萱**